有效

THE LEADER'S GUIDE TO
MANAGING PEOPLE

让别人为你拿结果

[英]麦克·布伦特 [英]菲奥娜·埃尔莎·登特◎著
Mike Brent & Fiona Elsa Dent

李升升◎译

赋能

湖南文艺出版社
HUNAN LITERATURE AND ART PUBLISHING HOUSE

博集天卷
CS-BOOKY

著作权合同登记号：图字 18-2021-166

图书在版编目（CIP）数据

有效赋能 / （英）麦克·布伦特（Mike Brent），（英）菲奥娜·埃尔莎·登特（Fiona Elsa Dent）著；李升升译. -- 长沙：湖南文艺出版社，2021.10

书名原文：The Leader's Guide to Managing People

ISBN 978-7-5726-0368-6

Ⅰ.①有… Ⅱ.①麦… ②菲… ③李… Ⅲ.①企业管理 Ⅳ.①F272

中国版本图书馆 CIP 数据核字（2021）第 180466 号

上架建议：管理·一般管理学

YOUXIAO FU NENG
有效赋能

作　　者：[英] 麦克·布伦特（Mike Brent）
　　　　　[英] 菲奥娜·埃尔莎·登特（Fiona Elsa Dent）
译　　者：李升升
出 版 人：曾赛丰
责任编辑：刘雪琳
出　　版：湖南文艺出版社
　　　　　（长沙市雨花区东二环一段 508 号　邮编：410014）
网　　址：www.hnwy.net
印　　刷：三河市中晟雅豪印务有限公司
经　　销：新华书店
开　　本：875mm×1230mm　1/32
字　　数：180 千字
印　　张：7
版　　次：2021 年 10 月第 1 版
印　　次：2021 年 10 月第 1 次印刷
书　　号：ISBN 978-7-5726-0368-6
定　　价：48.00 元

若有质量问题，请致电质量监督电话：010-59096394
团购电话：010-59320018

作者简介

　　麦克·布伦特是阿什里奇商学院的客户与项目总监，他致力于领导学、团队建设、影响力、培训机制、跨文化管理、变革引领以及个人发展等领域的研究。他对如何培养自我意识和创造力，以及如何使挑战富有成效等领域颇感兴趣。

　　麦克曾在许多国际公司担任管理力培训师和顾问，比如通用电气、惠普、爱立信、法国电信、英国帝国化学工业集团、沃尔沃、邦与奥陆芬等国际知名公司，并对与管理团队合作特别感兴趣。他拥有丰富的国际经验，在世界各地举办过研讨会，包括日本、中国、乌兹别克斯坦、泰国、马来西亚、印度尼西亚、美国、加拿大以及南美洲的国家。

　　麦克发表了许多文章，出版了两本书，都是关于影响力、培训机制以及领导能力等方面的，也包括与菲奥娜·登特合作的《影响力——事业有成的方法与技巧》。

　　菲奥娜·登特是一名独立培训师、教练，也是阿什里奇商学院的外聘教员。她曾经是阿什里奇商学院高管培训部总监，参与制订人力资源方面的组织战略，她还负责项目管理、客户关系、管理力发展对策研究。

　　菲奥娜曾与国内外多家组织和客户合作，并在领导层面、个人层面、人际交往、人际关系等广泛领域提供培训及咨询业务。

　　菲奥娜已出版七本书，目前仍致力于影响力、人际关系管理以及商界女性等领域的写作与研究。如想了解更多关于菲奥娜的信息，请访问她的网站: www.feddevelopment.co.uk.

麦克与菲奥娜也是英国《金融时报》畅销书《领导者影响力指南》的作者。

致　谢

　　我们要特别感谢那些对我们的思考做出积极贡献的人，特别是与我们一起工作的经理人和领导者，他们和我们分享了许多宝贵的经验。

　　同时感谢以下各位：奈杰尔·梅尔维尔、格雷格·塞尔、安德鲁·克托里斯、埃文·乔治以及他在布瑞福的同事，马克·麦克高、珍妮·克拉克、保罗·Z.杰克逊、雪莉·盖博教授、马瑟斯·马龙赫特、吉恩·皮埃尔·卢瓦索、曼斯·菲尔德、大卫·达尔达内洛、夏洛特·西尔斯、凯特·麦考特和莎拉·清田。

　　另外，我们要感谢阿什里奇商学院同事们的帮助和支持，尤其是维基·霍尔顿、莎伦·韦斯特、亚历克斯·黛维达、克丽·弗莱明以及菲尔·安德森的大力支持。

　　最后，我们要感谢培生集团的编辑妮可·埃格尔顿。

献给我们的父母，

史蒂芬与安吉拉·布伦特，

埃娜与戈登·坎贝尔

第一部分
Part One

赋能者

在你成为领导者之前，成功的全部就是自我成长；当你成了领导者，
成功的全部就变成帮助他人成长。

第二部分
Part Two

赋能工具箱

优秀的领导艺术远非简单地懂得领导技巧。

第三部分

Part Three

结果会说话

我们需要利用社会和情感等方面的因素，来确保个体对工作的满意度以及良好的工作绩效。

前言

在你成为领导者之前，成功的全部就是自我成长；当你成了领导者，成功的全部就变成帮助他人成长。

——杰克·韦尔奇

领导他人是一种社会技能。我们认为在组织中影响领导力的关键是要把注意力从逻辑、客观、非情绪化的方式上转移，回归到人际关系与合作中最基本的人性层面。

我们认为领导者是他人的赋能者，是阅读和理解他人的能手，能够深刻领会人们的内在想法和动机。他们会使用一些技巧，一方面使员工在工作中表现得更有效率，另一方面也会增强员工对工作的满意度和愉悦感。社会人类学家迈克尔·托马塞洛曾说过："我们都是社会性和感性的生物。"因此，我们需要利用这些社会和情感等方面的因素，来确保个体对工作的满意度以及良好的工作绩效。

在过去，管理的重点一直放在个人身上，但我们忘记了公司首先是关系实体。因此，我们认为管理者必须提高他们的人际关系和心理技能，以便成为他们所能成为的最有效的管理者和领导者。

本书旨在有效提升领导者的管理力，为了有效地领导员工，管理者必须像心理学家一样，能够超越明显的外部因素，深入了解员工的内部动机和想法。我们不会专注量化的工具和技术，但是会关注以下方面，比如管理者的情绪自控力，感知和理解员工想法和动机的能力，移情能力，理解能力，最重要的是，帮助员工不断学习并取得进步，使他们能够充分发挥自身的潜能。

这听起来是不是太空泛了？太不现实了？那么，让我们来看看英国最大的连锁超市乐购的情况。这家零售商虽然在全球范围内创造了可观的利润，但却在英国的运营中"失手"了。乐购首席执行官菲利普·克拉克最近发表了一些有趣的声明，公开表示他将全身心地投入乐购。全身心？富时100指数成分股公司的一位老板是什么时候开始谈论"全身心"这个话题的呢？他又将如何"全身心"地投入乐购呢？在《星期日泰晤士报》最近的一篇文章中，他说道："我们将鼓励员工变得更加友善。"

为了有效地领导员工，管理者必须像心理学家一样

看来克拉克先生早就领悟到了人是关系的物种，以此来促进对顾客的友好服务，并使其享受到低廉的价格。

已故的彼得·德鲁克——世界上最杰出的思想家和管理学作家之一——曾经说过管理的本质在于人，它的任务是使人们能够联合工作，充分发挥每个个体的优势，使个体的弱点变得无关紧要，做到扬长避短。

所以这本书将是一场关于关系和情感的旅程。我们拭目以待本书将如何提升你在工作中的领导能力，以及如何改进这些技能，让你成为一个更有效的领导者。

管理力模式

领导和管理员工是一项复杂而具有挑战性的工作。始终保持正确的状态无疑是非常困难的。我们相信有一定的原则和技巧，只要肯坚持，就会帮助你变得更有效率。然而，优秀的领导艺术远非简单地懂得领导技巧。这是关于行为得体的能力，针对不同的对象和环境调整方式方法，采取适当的行动。

优秀的领导艺术远非简单地懂得领导技巧

在我们以管理开发人员和咨询顾问的身份与数千名领导者和管理者共事的经验中，我们确定了以下一套最佳实践原则，并围绕这些原则撰写了这本书。书中主要介绍了在21世纪想要成为一个有效的领导者和管理者必须具备的一系列技巧、能力以及常规注意事项。

我们将其分为三个关键领域（见下页图）：

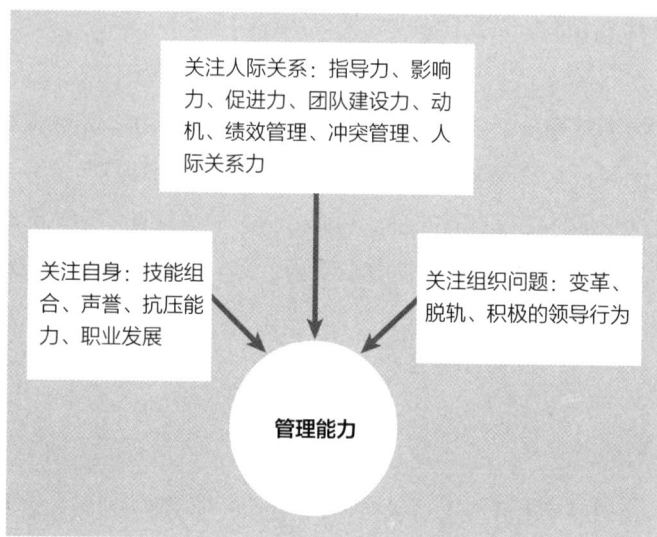

关注人际关系：指导力、影响力、促进力、团队建设力、动机、绩效管理、冲突管理、人际关系力

关注自身：技能组合、声誉、抗压能力、职业发展

关注组织问题：变革、脱轨、积极的领导行为

管理能力

图1　领导和管理员工的最佳实践原则

◆ 关注自身

自我意识、自我信念、自信心这三点对一个成功的领导者来说十分重要。我们明确了一系列领域，这有助于增强你的自我意识，并催生你的自我信念，让你变得更自信。

◆ 关注人际关系

领导和管理员工主要在于你的声望和态度，以及在与他人共事时你如何调配你的行为、技巧和能力。考虑到这一点，我们确定了一系列的技巧和能力，这是任何领导者都应该具备的部分技能，这也将有助于你成为一个成功的领导者。

◆ 关注组织问题

这部分内容考虑的是如何引导变革，避免脱轨，以及利用积极心理提高经营业绩。

以下是对这三部分的简要描述，并提供一段简短的自我反省练习，以此来帮助你开始提高自我意识，规划需要重点发展的方面。

关注你自己

◆ 你的技能组合：充分意识到自身优势、弱点及发展需求。

◆ 你的声誉：别人是如何看待你的。

◆ 抗压能力：你应对逆境以及迅速恢复的能力。

◆ 你的职业发展：有清晰的个人目标及规划。

关注下属

◆ 指导力：为员工赋能，帮助他们充分发挥自身潜能。

◆ 影响力：通过影响他人获得想法与行动上的认可和赞同。

◆ 促进力：作为一个推动者，促进他人参与，确保高质量的对话与成果。

◆ 团队建设力：与他人共事、共同发展，以实现组织利益。

◆ 动机：创造一个积极的环境，充分发挥员工的优势。

◆ 绩效管理：为员工设定目标，并给予及时反馈。

◆ 冲突管理：有效处理紧张的人际关系。

◆ 人际关系力：在与他人共事时，注意个人的行为管理和情绪管理。

关注自身业务

◆ 变革：理解变革的必要性、含义以及过程。

◆ 脱轨：要警惕那些会让你偏离轨道的阻碍、挑战以及职业障碍。

◆ 积极的领导行为：使用关系型、欣赏型和解决问题型的方法来管理领导员工。

完成下列自我反省测试，你会发现获益良多。它会帮助你分析自身的知识或技能水平，你的自我意识程度以及你在这本书所涵盖的主要领域的发展需求。如果你想要获得更多有价值的反馈，你也可以咨询其他人（你的老板和同事），根据这些标准给自己评分。（如果你希望得到他人的反馈，可以复印此测试。）

用1—7的分值，试着在每个主要的领导维度给自己打分：1分表示"技能水平很低"，4分表示"达到令人满意的技能水平"，7分表示"在这一领域拥有很高技能"。然后标注与你当前角色和未来发展相关的发展需求程度。

自我反省测验

管理人员自我反省测验		
领导维度	技能/知识水平 1—4—7	发展需求： 低/中/高
你的技能组合：充分意识到自身优势、弱点及发展需求		
你的声誉：别人是如何看待你的		
抗压能力：你应对逆境以及迅速恢复的能力		
你的职业发展：有清晰的个人目标及规划		

续表

管理人员自我反省测验		
领导维度	技能/知识水平 1—4—7	发展需求： 低/中/高
指导力：为员工赋能，帮助他们充分发挥自身潜能		
影响力：通过影响他人获得想法与行动上的认可和赞同		
促进力：作为一个推动者，促进他人参与，确保高质量的对话与成果		
团队建设力：与他人共事、共同发展，以实现组织利益		
动机：创造一个积极的环境，充分发挥员工的优势		
绩效管理：为员工设定目标，并及时给予反馈		
冲突管理：有效处理紧张的人际关系		
人际关系力：在与他人共事时，注意个人的行为管理和情绪管理		
变革：理解变革的必要性、含义并促进变革成功		
脱轨：要警惕那些会让你偏离轨道的阻碍、挑战以及职业障碍		
积极的领导行为：使用关系型、欣赏型和解决方案型的方法来管理领导员工		
自我总结		

接下来，本书将关注上述每一个维度，并分享实际工作中最佳的实践想法、技巧与技能，以帮助你发展自身的领导者技巧与能力。

这本书可以按照传统的方式通读，也可以随意翻阅，读你最感兴趣和对你最有用的部分。你会发现我们在不同的章节中加入了一些测验、清单和练习。这是一些有意设计的环节，用来鼓励你反思、学习并为进一步发展制订行动计划。

第一部分

Part One

赋能者

在你成为领导者之前，成功的全部就是自我成长；当
你成了领导者，成功的全部就变成帮助他人成长。

1

声誉：为自己赢得一个好名声

20年建立起的声誉，5分钟就能毁掉。如果你能考虑到这一点，你做事的方式就会有所不同。

——投资大师沃伦·巴菲特

当你开始管理和领导他人时，声誉就会成为一个关键因素。那么，我们所说的声誉是指什么呢？本质上，声誉是指社会群体成员之间主观信仰的集体体系，是关于别人是如何评价我们的。我们的声誉会影响我们的行为，因此，为了发展、维护和保护我们的声誉，我们会倾向于以特定的方式行事。

无论你是什么级别的领导者或经理人，你的声誉都是通过你的所有行动和互动建立起来的，并且会反过来对你的信誉、效率和成功产生影响。管理和建立你的声誉需要小心谨慎，并考虑周全。它是多方面的，基于你的价值观和信仰，以及这些价值观和信仰在生活中是如何让你管理自身，如何处理人际关系的。它是动态的，会随着时间、周围的环境、人们对你的看法而改变。它是在很长一段时间内建立起来的，会随着你的个人行为，以及他人对你的观察和感受而发展变化。

管理和建立你的声誉需要小心谨慎，并考虑周全

　　为了赢得好名声需要付出很多努力，但好名声可能在几秒钟内就会被破坏甚至被摧毁。近年来，无论是在组织层面还是在个人层面，都有许多这样的例子，例如在银行业、政界和体育领域。然而这些仅仅是公众眼中的例子。在日常生活中，还有许多管理者和领导者因对他人的粗心行为而危及自己声誉的例子。声誉并不一定意味着被喜欢，更多的是被尊重和信任。

声誉的组成

　　那么，你该如何建立和发展你的声誉呢?我们相信，这关乎某些原则和价值观，以及如何在日常生活中实践。（如图1.1所示）

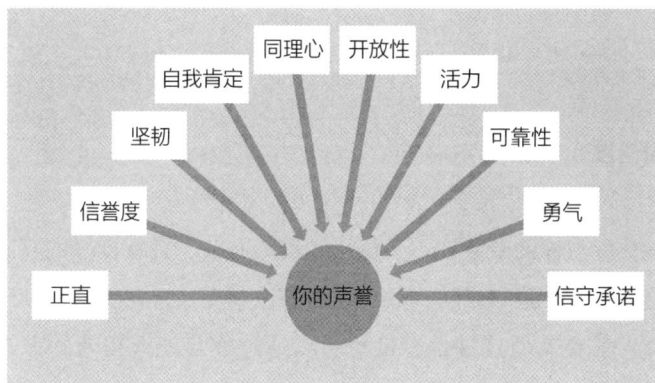

图1.1　声誉的组成

正直

正直包括表现出诚实和强烈的道德原则，它是关于对自己和他人诚实，始终如一地按照符合个人道德准则的方式行事。"正直"通常被定义为在正确的时间以正确的理由做正确的事情。为了正直地行事，你必须确定自己的道德准则，这是由一套你认为对你过上满意和有意义的生活很重要的原则与价值观所决定的。

在考虑声誉的这一方面时，你可能要反思一下过去以及你在生活中所做的决定和选择。回想一下，日常生活中你是如何管理自身行为的，你可以从现在开始，将你在不同情景下做事的准则和规则进行分类，然后开始评估你的个人诚信水平。你也可以找出自己需要克服的弱点和障碍，以此进一步发展你的声誉和个人诚信。

正如伯克希尔·哈撒韦公司的成功投资者兼首席执行官沃伦·巴菲特所说："在招聘员工时，你需要注重三种品质：诚信、智慧和活力。如果他们没有第一种品质，其他两个品质将会对你造成致命的伤害。"

信誉度

信誉度与你的专业知识、资历和信心有关。拥有良好的判断力，举例说明你的经验和成功，展示你的知识和专长，这些都有助于提高你的个人信誉。但这种信誉度也可以通过你与他人相处的方式来建立，例如：

◆ 非语言行为，如眼神交流。

◆ 声音的运用，如口齿清楚的说话能力，有助于建立自信。

◆ 通过建立联系展示共同的价值观。

◆ 构建和谐的关系。

◆ 信守承诺。

◆ 承认错误。

◆ 保持自信。

◆ 赞扬他人。

◆ 寻求并给予反馈。

花些时间来反思一下你在组织中的信誉水平十分必要。拥有较高的个人信誉将使你成为一个受人尊敬、信任、支持的领导者和管理者。

坚韧

坚韧是关于毅力、决心，遇到困难时永不言弃，持续坚持的能力。坚韧是平庸与伟大的区别，它关乎目标、动力、韧性和意志力。当你的人生有了目标，你就有了追寻的动力，有了里程碑，有了优先事项，有了计划。毫无疑问，我们每个人都会在生活中遇到挑战、障碍和挫折。那些具有坚韧特质的人会坚持自己的梦想，并从这些挑战中学习，从而变得更强大。在很大程度上，坚韧意味着实现目标的自信和能力，这并不难培养，关键在于动力和坚持。

坚韧意味着实现目标的自信和能力

你可能要反思一下你在生活中所面临的挑战，也许是那些涉挫折的挑战。问问你自己，你是如何克服这些困难，又是如何回到正轨的。

自我肯定

这要求你沉着、自立和自信，即使在压力下也能保持沉着冷静。当然，我们都遇到过自信受到挑战的情况。通常这种情况发生在我们无法控制的时候，比如在公共场合讲话或接受媒体采访时。这里有一个秘诀，就是专注于我们的优势、长处，并尽可能地往积极的方向去思考。面对那些预料中会令我们紧张的事情和场合，提前做好准备、计划和预演会非常有帮助。因此，值得思考的是，哪些情况和事件会让你表现出自信，哪些情况和事件会让你感到紧张或缺乏自信。

同理心

同理心是关于理解别人的观点，分享别人的感受，并从他人的视角看问题的能力。拥有同理心的人认识到，考虑他人的观点以及他人对自己的看法是很重要的。同理心不是说要一直同意别人的观点，也不是屈服，而是从别人的角度看问题，然后告诉他们你理解他们的想法。例如，当讨论一个存在分歧、充满情绪的问题时，你可以这样表达你的同理心："巴勃罗，我理解你对这个问题的担忧，我知道它可能会对你产生什么影响。你能不能再多讲一讲你的担忧从何而来？"

为了反思你在这方面的个人技能，值得考虑的是人们对你做出负面反应的频率，人们停止倾听或对你所说的话缺乏兴趣的频率。这些都是真实的迹象，表明你可能没有对他人表现出同理心。

开放性

这包括平易近人，愿意接受别人的想法、意见、行为、文化和经历。表现出这种能力的人都有好奇心，能很好地处理模棱两可的问题，并且喜欢体验新的环境，尝试新的可能性。他们有一种真正的求知欲，会问很多问题，会对别人的经历表现出兴趣。他们经常对新的项目或经历表达赞赏和参与的意愿，从而展现出渴望尝试新的和不熟悉事物的真实欲望。这会向别人表明他们在必要时有挑战现状的兴趣和倾向。开放的真正含义是不排斥他人的想法和观点，愿意从不同的角度看待事物，并在必要时做出改变。

活力

是指充满热情和生机，并向他人展示这一点。活力是对你的工作、你的组织、你的产品或你的项目充满动力和热情。如果你不能表现出你参与其中的动机和精力，你怎么能期望别人参与其中呢？在某些方面，活力是不可测量的，但是我们周围的人会注意到我们的能量并且深切感受到。往往简单的事情就能展示你的活力，例如：

你的面部表情——目光接触、微笑。

你的声音——不同的语调、节奏、音高。

你的手势——它们是否支撑了你的言语，是否运用得恰当？

你的语言——是情绪化的还是理性的？

你的情绪——你能够在自己的行动中控制情绪吗？

往往简单的事情就能展示你的活力

可靠性

是指可依赖和值得信赖的品质。可靠性是建立信任的关键要素之一。树立可靠性的第一步是保持始终如一和负责任。这包括为自己设定切实可行的目标，履行自己的承诺，并始终保持良好的表现。在与他人的关系中，这意味着你能够与他人顺畅沟通，履行你的承诺，支持你的员工。当你在工作的各个方面都表现出奉献精神、时效性和责任感，并履行对同事的承诺时，人们会觉得你值得信赖。可靠的人往往在工作环境中给人们创造出一种安全感和赞同感，从而使人们能够以有效和高效的方式工作。从本质上说，这意味着其他人相信他们可以依靠你。

勇气

这是成功领导的核心。它是关于在逆境中展示力量，在困境中坚持做正确的事情，并能够将事情坚持到底的。勇敢的人对自己的言行承担全部责任，不怕承认错误。

勇气包括：

◆ 首创精神。

◆ 采取行动。

◆ 勇于为自己的信仰发声。

◆ 在必要时挑战现状。

◆ 领导和实施变革。

◆ 对于变化能够带头接受并贯彻落实。

◆ 能够制订和采纳受欢迎与不受欢迎的决定。

◆ 寻求并给予反馈。

◆ 正视和处理冲突。

勇敢的人会用信心、信念去克服任何挑战、阻碍以及逆境所带来的恐惧。

勇敢的人对自己的言行承担全部责任

信守承诺

这是为了展示忠诚和履行自己的义务。对你自己、你的同事、你的组织、你的职业和你的热爱恪守承诺，这是一件很重要的事情，它要求言行一致，拥有一套健全的信念和价值观，并在工作中和工作之外的生活方式中展示出来。它要求你对自己的行为负责，还要对他人表示关心和关注，通过说更多表示感谢的话语来赞美他人的贡献，而不仅仅是简单的一句"谢谢"，这将有助于提升你作为一名优秀领导者的整体声誉。（我们的清单并不是详尽无遗的，你可能会发现还有其他与你的特定情况相关的部分。）

你现在可以根据我们认为有助于声誉发展的这些因素来评估自己。

实践

使用下面的评估工具，标注出你认为你目前在这个范围内的位置。使用1—10分制，1分表示"与自己无关"，10分表示"与自己非常相似"，并举例说明与你作为领导者或经理人的声誉有关的每一个因素。

个人声誉评估工具

正直		
1	5	10

信誉度		
1	5	10

坚韧		
1	5	10

自我肯定		
1	5	10

同理心		
1	5	10

开放性		
1	5	10

活力		
1	5	10

可靠性		
1	5	10

勇气		
1	5	10

信守承诺		
1	5	10

添加并评估其他你认为对建立和管理你的声誉很重要的原则。

　　一旦你完成了这个简短的自我评估，你可以用这些信息来核对一下你的观点和其他人的观点是否一致。你可以邀请你的老板、同事或直接下属，让他们依据对你的看法来完成评估。或者，你可以更有选择性，只关注其中的几个原则，也许是那些你觉得不太确定的原则，或者是那些你得分较低的原则。

当你确定了需要提升的领域后，制订一个详细说明具体步骤的行动计划是非常关键的。一旦你做到了这一点，给自己一个月左右的时间，使用新的行为标准要求自己，然后再给自己打分。例如，假设你在同理心方面给自己的评价很低。你可能会想，如何通过倾听同事的需求、观察他们的情绪和行为，并向他们提问来表明你的兴趣和同理心，从而向他们展示更多的同理心。除了这个行动计划，你还必须重新评估你的技能，最好的方法是从你信任的人那里得到反馈。

这些原则和价值观是关于态度、行为和能力的。为了确保你能发展并保持良好的声誉，信任和尊重是关键，你应该注意如何在人际关系网络中与人相处，如何处理好自己的行为。你如何展示声誉的这些组成部分，以及其他人如何看待它们，将影响人们对你的看法。

> 获得好名声的方法是努力成为你想要成为的样子。
>
> ——苏格拉底

但是你怎么知道你的声誉和别人对你的看法呢？你首先必须清楚你希望别人如何看待自己，你认为哪些价值观和信仰对你来说很重要。从别人那里得到反馈，不管是正式的还是非正式的，都会帮助你确认你在别人眼中的形象。可以通过以下方式实现这一点：

◆ 向他人寻求反馈。与同事建立一种反馈文化，定期询问你的工作表现，并为每个人提供这种相互反馈的机会。如果你一开始就要求人们提供赞赏性反馈，这可以使他们对提出反馈感到更放松，然后整合有助于个人进一步成长的发展性反馈，从而使得反馈持续下去。创建反馈文化将有助于建立和发展一个充满信任、尊重与活力的工作环境。

◆ 参与正式的360°反馈过程。这些通常作为管理发展课程的一部分，或作为组织绩效管理过程的一部分。

◆ 磨炼你的声誉触角。你是那种人们愿意选择与之合作并参与项目的人吗？人们会向你寻求建议、信息和鼓励吗？人们是否重视并倾听你的意见？

你必须清楚你希望别人如何看待自己

理解和了解他人对你的看法，将使你能够积极地管理和发展自己的声誉，以确保它与你的价值观、信仰和需求相一致。

认识到你的声誉取决于他人的价值判断和看法这一点也很重要，因为这些会随着时间的推移而改变，你必须始终积极地管理自己的行为，以确保自己保持良好的声誉。

成功小技巧

◆ 思考自己的立场。对自己来说重要的东西是什么？

◆ 对于别人是如何看待你的，你要有一个明确而切实的想法。

◆ 寻求他人的反馈。

◆ 确保自己按照大家的反馈来行事。

◆ 定期进行"声誉审计"，如上所述。

◆ 确保你的言行一致。

◆ 要记住，声誉可能需要很多年才能建立起来，但在几秒钟内就可以被摧毁。

2

职业生涯：掌控你的发展路径

一个人如果不知道自己的船驶向哪个港口，那么，对他来说，也就无所谓顺风逆风了。

——古罗马哲学家，塞涅卡

在过去，你也许可以依靠一个组织来为你做出计划、谋划发展，但是在当今瞬息万变、安全风险隐患众多的时代，制订你的个人发展计划、职业发展计划和人生计划都是你自己的责任，而且只能是你自己的。如果没有意识到这一点，将会是不负责任的表现。有很多人会支持你的努力，但最终还是由你自己来制订你的个人发展计划、职业发展计划和人生计划。

作为一名领导者，你的责任不仅是掌控自己的事业和发展，还要帮助他人做到这一点。在这一方面，你要成为一个好榜样，积极掌控并展示你如何管理自己的职业和发展，这将会提高你作为领导者的信誉和声誉。

在我们的项目中或者进行调研采访时，我们会问经理们这样一个问题："为了帮助自己的职业发展，你希望自己早点知道哪些事情？"最受欢迎的一些答案都与个人发展、职业发展和人生规划有关。人们经常提到：

◆ 识别机遇并抓住机遇。

◆ 在职业生涯中，要更加开放地接受意想不到的路线。

◆ 做好追随梦想的准备（史蒂夫·乔布斯在他的一次TED演讲《在你死之前如何生活》中谈到了这一点。详情可浏览如下网站：www.TED.com/talks/steve_jobs_how_to_live_before_you_die.html ）。

◆ 尽早做出人生规划。

◆ 认识到持续学习的重要性。

◆ 在职业生涯的早期就掌握管理人员的方法。

◆ 留出时间去生活。

◆ 做好踏出舒适区的准备。

◆ 设定界限：工作与生活的平衡很重要。

◆ 把个人发展放在首位。

◆ 寻找发展和成长的机会。

◆ 多冒几次风险，当然是经过计算的风险。

我们大多数人没有花足够的时间来思考我们的个人发展计划，更不用说职业发展和人生计划了。而善于做出规划的人做事往往会更坚定，更专注，更有可能实现他们的抱负。为你的生活、事业和个人发展的成功制订策略，将有助于你实现个人目标。

有很多方法可以帮助你掌控生活，最大限度地发挥你的潜力。我们相信设定目标和框架将会对你有所帮助。参与我们采访谈话的大多数经理人希望自己有更多的时间去反思、思考和规划自己的职业生涯——不是以一种强迫的方式，而是作为一种策略来遵循，并帮助自己就职业生涯中的里程碑和实现梦想、抱负、目标所需的个人发展的必要条件做出决定。

自我反省

图2.1举例说明了你在生活和事业中可能面临的典型里程碑事件。

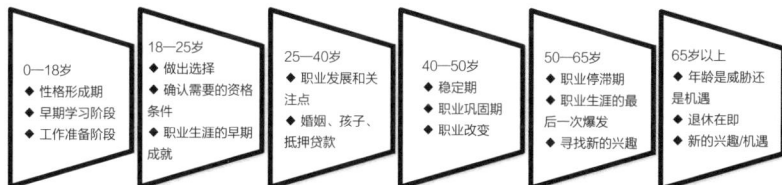

0—18岁	18—25岁	25—40岁	40—50岁	50—65岁	65岁以上
◆ 性格形成期 ◆ 早期学习阶段 ◆ 工作准备阶段	◆ 做出选择 ◆ 确认需要的资格条件 ◆ 职业生涯的早期成就	◆ 职业发展和关注点 ◆ 婚姻、孩子、抵押贷款	◆ 稳定期 ◆ 职业巩固期 ◆ 职业改变	◆ 职业停滞期 ◆ 职业生涯的最后一次爆发 ◆ 寻找新的兴趣	◆ 年龄是威胁还是机遇 ◆ 退休在即 ◆ 新的兴趣/机遇

图2.1 生活/事业里程碑

结合这些里程碑，我们发现图2.2中建议的流程是一个很好的起点，可以让你变得更有组织性，更专注于一个领域。

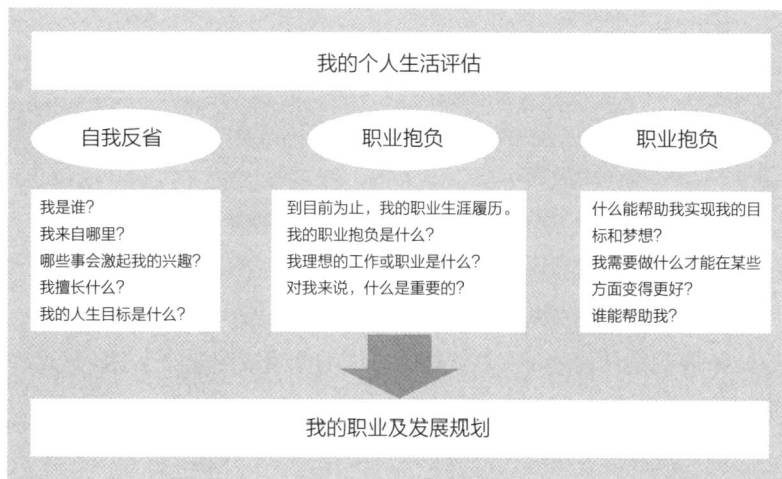

我的个人生活评估

自我反省	职业抱负	职业抱负
我是谁？ 我来自哪里？ 哪些事会激起我的兴趣？ 我擅长什么？ 我的人生目标是什么？	到目前为止，我的职业生涯履历。 我的职业抱负是什么？ 我理想的工作或职业是什么？ 对我来说，什么是重要的？	什么能帮助我实现我的目标和梦想？ 我需要做什么才能在某些方面变得更好？ 谁能帮助我？

我的职业及发展规划

图2.2 自我反省

以下5个关键问题可以帮助你开始自我反省，帮助你在未来可能要做的许多决定中找到方向：

◆ 我是谁？

◆ 我来自哪里？

◆ 哪些事会激起我的兴趣？

◆ 我擅长什么？

◆ 我的人生目标是什么？

处理这些问题的一种方法是通过创建传记来进行个人评估，个人传记不仅可以记录你迄今为止的生活，还能帮助你描绘未来的生活。反思可以帮助你了解你是谁，你是如何到达今天的位置的，也可以帮助你规划未来。在你的传记中可以考虑包括以下这些方面：

◆ 出生日期。

◆ 在家庭中的排行：是家中长子、次子，还是最小的。

◆ 父母的工作。

◆ 兄弟姐妹的工作。

◆ 教育经历和个人发展情况：中小学、大专、大学、职称等级。

◆ 难忘的时刻、成就、失望的时刻。

◆ 进行的管理发展或技能发展计划及其效用。

◆ 收到的任何基于个性或能力方面的调查或问卷的反馈，从这些资料中你能得出什么结论。

◆ 职业履历与转折：

◇ 回想一下你在每个职位上做了多长时间。

◇ 让你继续前行的动力是什么。

◇ 在每种情况下，你最喜欢这份工作的哪一方面。

◇ 你的角色是如何为组织增值的。

◇ 难忘的时刻、成就和失望的时刻。

◆ 你如何描述你的价值观？把对你最重要的事情列一个清单。

◆ 有哪些事会激起你的兴趣。

◆ 你认为自己天生擅长什么。

◆ 你认为自己不擅长的是什么。

◆ 到目前为止你人生中的主要成就。

◆ 到目前为止你人生中令你失望的事有哪些。

◆ 爱好和兴趣。

◆ 喜欢的书、电影、歌曲。

反思可以帮助你了解你是谁

你会发现按照下面的图表来记录这些信息是很有用的。

我的个人传记	
家庭信息	
出生日期： 家庭排行：	家庭成员的职业 父亲的： 母亲的： 兄弟姐妹的：

教育与发展

正规教育	个人及管理发展
就读学校:	短期培训情况:
继续教育:	个性、能力、个人评估调查问卷完成
取得资格:	情况:

自我反思

值得纪念的时刻，获得成就的时刻，感到失望的时刻以及你从教育和个人发展中得到的任何反馈:

工作履历和转折

从你的第一份工作开始，列出你的职位名称、工作单位和工作时间。在每一种情况下都要指出你最喜欢这份工作的哪一方面，以及是什么原因让你选择辞去这份工作的。

职业生涯的高潮和低谷

反思你的所有工作和你工作过的组织，找出难忘的时刻，获得成就的时刻和失望的时刻。

值得纪念的时刻	成就	失望的事

总结

回顾你迄今为止的个人经历，问自己以下几个问题，记下自己的回答，并做出总结:

是什么让你在工作中充满活力?

让你耗费精力的是什么?

你天生擅长的是什么?

你不擅长的是什么？

列出到目前为止你的主要成就：

找出迄今为止生活中所有让你感到失望的事：

笔记

使评估个人化并为己所用是非常重要的，所以上面区域仅仅是针对反思的一些建议，你应该将其调整为最适合自己的形式。制作生活评估日志是一种颇受欢迎的记录个人思想的方式（当然，你也可以在计算机上创建个人日志），在里面，你可以做一些记录，写下计划，记下自我反思的内容，以此帮助你建立思想框架。

要有创造力，使用思维导图和其他形象的描述从整体上帮助你在个人发展、事业、生活等方面制订计划、拓展思路。有一本记录个人想法和主意的日志可以让你回顾过去几年的成长模式、进程，并大致跟踪你的发展、职业和生活历程。

要有创造力，使用思维导图和其他形象的描述来帮助制订计划

理想情况下，在你的一生中你都应该时不时地去做这件事。我们每个人都按照不同的时间表工作，我们发现，每隔两年到五年反思一次，有助于我们集中注意力，保持在正确的轨道上前行，并在必要时调整方向。重要的是要认识到计划和想法必须在人的一生中随着事物的变化而不断适应并做出改变。习惯反思并保持记笔记的习惯会在必要的时候帮助你适应变化，重新定位并及时调整计划。

萧伯纳说过："生活不是寻找自我，而是创造自我。"问题是很多人无法掌控和引导自己的人生旅程，大多数人只是被动地接受发生在自己身上的事情，虽然这可能意味着事情会有好的结果，但我们相信我们每个人都有责任掌控自己的生活和事业，并帮助他人。我们的研究表明，勇于承担责任的人更有可能被自己的选择所激励，也因此表现得更好。

每当你反思自己的生活时，你也必须开始展望未来。所以，你要问自己的下一个问题是："我想达到什么目标？"这是一个复杂的问题，毫无疑问，这个问题会随着时间的推移而改变，但重要的是要有远大的理想，要有梦想，并让你的想象力自由放飞。我们每个人都会用自己独特的方式来回答这个问题——其中一部分答案取决于你所处的人生和职业阶段。这是一个我们在指导人们的时候经常问的问题，没有人觉得这个问题很容易回答。以下是我们收到的一些回答：

◆ 到目前为止，我的事业非常成功。我快50岁了，孩子们已经自力更生了，我和我的妻子正在展望我们的未来。理想情况下，我想在事业上再进一步，升到主管级别，多看看这个世界，我一直想有机会去中国看看。同时，我还应该在保持身体健康方面投入更多的时间。（约翰是一家富时100指数成分股公司的营销经理，他热爱自己的工作，并决定让高管教练帮助他规划下一步的职业发展。）

◆ 我想在45岁之前退休，那时我已经建立、经营并出售了自己成功的IT公司。（哈里夫是一名32岁的IT专家，他参加了阿什里奇商学院的一个领导力项目。他在一家刚起步的小型初创公司工作，他是一个做事非常专注的人，有明确的职业规划，并承认自己是个工作狂。他所面临的挑战是从更广泛的角度去思考生活，而通过培训课程，他也越来越意识到这一点。)

◆ 这就是存在的问题，我不知道原因。毕业后，我在银行找了一份工作，并以一种合乎逻辑的方式在职业阶梯上步步高升。我不讨厌我的工作，但这并不是我刚上大学时的梦想。我所知道的是，我想离开这家企业，然后做一些让我感到兴奋和具有挑战的事情。我生活中的其他方面都很好——我和我的丈夫想要好好经营自己的小家庭，我还会努力让自己保持健康，尽管有时工作会成为阻碍，所以确保工作与生活之间更好的平衡很重要。（西沃恩接着告诉我，这就是她参加女性辅导项目的原因。她意识到自己需要别人的帮助，这样才能更有目的性地反思、计划和展望未来。）

那么，你会如何回答这个问题，这对你今后的职业生涯有什么影响呢？

你的人生目标是什么？

关注职业未来

这个过程的下一个阶段是专注于你的职业生涯的细节，最重要的是，弄清楚你的职业抱负是什么，这样你就可以计划如何实现它们。在前一个阶段，你回顾了自己的职业生涯；现在的挑战是要从以前的反思中吸取教训，从当前的情况中学习，并为下一步和以后提前做好规划。

那么，就职业而言，你认为自己未来的发展方向是什么？你将如何实现它？当然，运气会在你的职业生涯中发挥作用。然而，如果你不知道什么对自己来说是重要的，你的职业抱负是什么，即使运气再好也无济于事。

运气会在你的职业生涯中发挥作用

想确认对自己来说什么是重要的，方法之一是探索你的价值观。价值观是我们对生活中重要事物的信念，它会影响我们的选择和行为。我们的价值观受很多因素的影响，但主要是受我们的成长环境、家庭生活、教育、宗教、工作、家人、朋友以及更广泛的社会环境和背景的影响。确定你珍视的价值观有助于为你的职业未来提供参考。因为人们更愿意在那些对他们而言很重要的事情的基础上规划职业生涯。当然，价值观的确会随着时间的推移而改变，而且会受到你所处职业和人生阶段的影响，所以这是一个值得在所有不同阶段都去做的练习。有些价值观可能会伴随你一生，而有些价值观可能会在你人生的不同阶段变得更重要。

因此，请看表2.1，选择那些你认为对你的职业生涯很重要的价值观。

表2.1 价值观列表

志向	果断	独立	平等	谨慎
自由	谦恭	灵性	守诺	风趣
创造力	忠诚	好奇	乐观	义务
诚实	注重工作与生活的平衡	社会责任感	能力	幽默

尊重	公平	团队合作	宽容	责任感
正直	慈悲	担当	勇气	自制

价值观总结

列出你认为对你的职业生涯最重要的12个价值观。用上面的图表作为开始，但最好是画出定义你自己的价值观表格。

_____

_____

_____

_____

_____

这个练习可以帮助你集中注意力，让你更清楚地理解那些影响你职业选择的价值观和信念。

反思你目前的工作也是这一过程中非常有价值的一环。思考你的角色所包含的各种因素，以及这些因素对你的成功、发展、未来的梦想和抱负有何影响。其中一种方法是创建一个工作树，这是一种以图形来总结你的目标和工作的关键元素的方式。图2.3展示了阿什里奇商学院导师职位的工作树样图。

这个基本的工作树是用一张白纸描绘成的（我们发现A3尺寸的最好），你需要在上面画一个树干，并在上面标注你的工作名称。通过添加分支来创建树，这些分支表示工作的主要元素（通常为6—8个），并相应地对它们进行注释（部门管理、业务拓展、行政管理等）。现在依次为每个分支或元素添加更小的分支，在描述每个元素中每天执行的任务时对其进行注释。这个过程最好在几个小时内完成，甚至可以通宵完成，这样能够让你记住工作的细节。

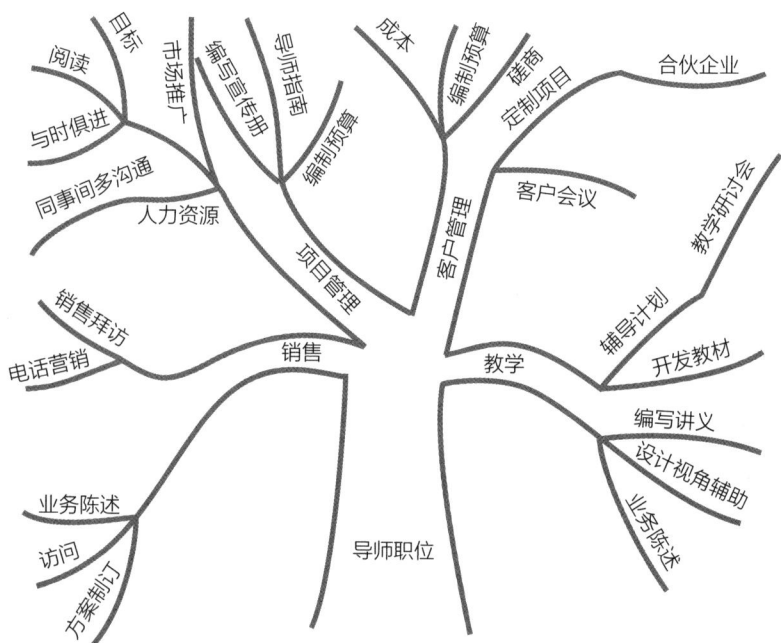

图2.3 工作树样图

一旦你有了这个基本的工作树状图，下一个阶段就是使用这些数据来分析你的工作，并从中吸取教训，从而帮助你做出有关职业和发展的决定。所以，问自己以下问题，并在自己的工作树上做笔记：

◆ 你在你的角色的每个主要元素上花了多少时间？用百分比标注每个元素。

◆ 哪些元素和任务能让你充满活力并感到满意？

◆ 你不喜欢哪些元素和任务？

根据下列因素对每种元素进行评分：

◆ 它对你在团队工作中取得成功的重要性。
◆ 你的技巧和能力。
◆ 你觉得自己有待提升的地方。

制作工作树的目的是为你提供一个图形图像，是对你当前工作的一个全面分析。这个过程的下一个阶段是从你的分析中获得意义，这将帮助你规划与你的职业和发展相关的未来路径。

这种分析可以帮助你更好地了解你在工作和职业中寻求的是什么。你现在面临的挑战是为自己的职业生涯设定目标，规划自己的职业未来。用下面的方框写下你的三个主要目标。一旦你有了这些目标和目的，你就可以开始这个过程的最后阶段，也就是计划你的发展阶段，以帮助你实现这些目标。

我未来的职业生涯目的和目标
目标1
目标2
目标3

关注个人发展

这个过程的最后阶段是规划未来发展的阶段，它会将迄今为止你从评估中收集到的所有信息整合成一个总结计划：

◆ 怎样做会帮助你实现你的目标和梦想。

◆ 针对每一个目标你具体应该如何做才能做得更好。

◆ 谁能帮助你。

◆ 你将如何衡量成功。

一种方法是在你的生活账本中为你的每一个目标制订一个行动计划。在这个阶段，重要的是要现实，现实地考虑目标的数量，你如何制订计划来实现它们，谁来帮助你以及学会如何合理安排时间。

你会发现下面的行动计划日志很实用。你应该为你的每个目标使用其中一种日志。

目标	
行动	时序表
可以帮助我的人	
如何衡量成功	

这个过程的目的是帮助你掌控自己的生活、职业和发展并对其负责。正如我们之前所建议的，掌握控制权的管理者更有可能实现他们的抱负，更有可能享受自己的工作，并达到更高标准的表现。

掌握控制权的管理者更有可能实现他们的抱负

作为一个管理者，你也有责任与你的团队分享这些想法和过程。在第4章中，我们讨论了管理者作为指导者的角色。你可以很容易地将本章中介绍的想法融入辅导课程中，并与他人分享，以鼓励他们对自己的生活、职业和发展负责并加以控制。

成功小技巧

◆ 掌控自己的事业，不要寄希望于他人。

◆ 制订职业和发展规划。

◆ 认识到持续学习的重要性。

◆ 寻求发展和成长的机会。

◆ 把自我反省列为常规生活的一部分。

◆ 把你的注意力放在大局上，而不是让自己陷入细节的泥淖。

3

韧性：如何应对挫折与压力

生活的艺术有一半是在谈韧性。

——哲学家、作家，阿兰·德波顿

韧性是指迅速从不利事件中恢复并回归到正常行为的能力。在日常生活中，有很多人都表现出这种品质，例如，一个人得了危及生命的疾病，却以高贵和优雅的姿态来面对这件事，因此变得更强壮；在战争中失去一条腿的士兵，坚持跑完马拉松比赛；在一家机构中工作了20多年后被解雇的经理成功创立了自己的公司。如果我们都用心去想，就会联想到我们每个人的关系网中总会有那么几个人可以被定性为韧性极强。

韧性不仅仅是指从生活的变故中恢复的能力，也指能够应对日常生活中的常规压力及挑战，这是你日常工作的一部分，不是说没有经历过痛苦、失望和失败就无所谓韧性。任何一个真正韧性十足的人都会告诉你他们经历了这些情绪，甚至更多，真正的技巧在于你是如何处理这些情况，并且从中获取经验的。一个人在应对挫折、挑战、日常问题，以及在保持良好现状的同时还能有继续前进的能力，在很大程度上就是韧性的全部意义所在。

这一章的重点将放在应对日常压力和挑战的韧性上。虽然人们需要这两种韧性，但我们相信，了解你如何应对挑战和压力，将使你更多地了解你的个人韧性，以及如何进一步发展这一能力，以取得更大的成效。我们大多数人在人生的某个阶段就表现出了韧性，这一领域的许多专家认为，表现韧性是一个很普遍的现象。我们的目的是鼓励你思考如何应对挫折和挑战，识别韧性行为的特征，帮助你思考如何变得更有韧性，以及如何帮助他人发展他们在这个领域的技巧和能力。

我们大多数人在人生的某个阶段就表现出了韧性

韧性的特点

我们的同事亚历克斯·黛维达研究了这一领域，并给出了阿什里奇商学院的韧性调查问卷，旨在帮助你评估你的个人韧性并进一步发展这一能力。亚历克斯确认了一系列有助于提升人们韧性水平的处世态度。我们采纳了他的观点，并将其进一步发展成我们认为的一系列特征，这些特征有助于个人韧性的培养。

我们每个人无疑都将面临许多考验韧性的问题，例如：

◆ 被解雇。
◆ 性格冲突。
◆ 最后期限。
◆ 受到欺辱。
◆ 搬迁。
◆ 苛刻型客户。

◆ 个人悲剧。

你可能会想要回顾你生活中最近一次经历的挫折、挑战甚至是危机，你相信你已经克服了它，并且从这些危机中恢复过来。回想当时的情况以及之后的那段时间，想一想自己是如何应对的，你的行为、你的感受、谁帮助了你，总的来说，你是如何应对的，做个笔记，用它来反映你"恢复"的总体能力。然后思考经历过的其他挑战，从中摸索可以借鉴的学习模式。值得一提的是，个人生活中的任何挫折和压力也会影响你在工作中的韧性。

每个人都可以在个人韧性方面得到进一步发展。图3.1中的思想可能对你有用，也有助于你理解这一重要领域。

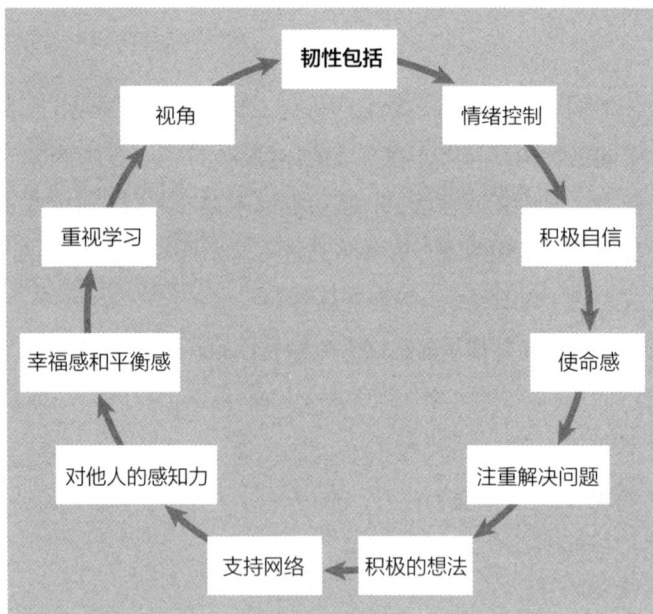

图3.1 韧性的特征

在研究每一个关键特性时，我们会尽可能地阐明这些特性应该如何在现实中加以应用。

情绪控制

你要能够理解自己在任何特定时间的感受以及原因。拥有为自己情绪命名的能力（即使是仅仅为了自己而命名）是一个很好的起点。命名和理解你的情绪会使你更容易以积极和富有成效的方式管理它们。同样值得考虑的是，究竟是什么引发了你某些恰当和不恰当的反应。这种程度的自我意识将帮助你认识到什么时候控制和节制是必要的，什么时候表达情绪是合适的。情绪控制和意识将帮助你更多地了解你对某些问题的反应，并最终选择适当的行为，以便有效地应对最具挑战性的情况。

积极自信

这是关于你对个人价值和自尊的总体感觉。自信包括对自己有一个积极的看法，意识到自己的长处、能力和成就，并相信自己的直觉。积极自信的人通常比缺乏自信的人更有韧性。当然，你必须注意，这种自我关注不可过度，否则会变成傲慢。

自信包括对自己有一个积极的看法

拥有一个积极的自我评价意味着你有一套应对机制来处理生活抛给你的许多挑战。有自信的人往往认为生活就像过山车。当你面对逆境时，你克服困境、接受失败和偶尔不快的能力，意味着你会不断调整自身的应对机制来帮助自己渡过难关。

使命感

这是关于你生活得有意义的话题。使命感给了你生活的中心，并帮助你确定生命中对自己重要的人和事。找到生活的源动力，让生命充满朝气，这会使你在面对逆境时仍能坚守本心，不偏不倚。使命感强的人在生活中会有很强的专注力和控制力，它会帮助你专注于未来和前进的道路。目标赋予你生活的意义，也会帮助你应对日常的挑战和遭遇。那么，你知道自己生活的目标是什么吗？现在沉思片刻，并写下一些想法。

注重解决问题

人们处理问题的方式各不相同。我们相信，通过采取这样一种解决方案，把关注点放在那些你可能掌控或者是在你掌控范围内的问题和挑战上，从而向前迈进，虽然通常只是一小步，但这一前进体现了你的韧性。当你面临一个重大挑战时，比如一个同事给你的生活制造了麻烦，试试这个方法。思考一下，在1到10的分值范围内，给你们的关系打分（1分代表最低分，10分代表最高分）。然后问问自己，为了让这段关系更有价值，你希望你们的关系处在什么分数。思考一下，你可以在正确的方向上采取的小步骤，把注意力集中在小步骤的解决方案上，你更有可能取得成功。更多关于聚焦解决方案的方法，见第14章。

思考一下，你可以在正确的方向上采取的小步骤

积极的想法

这关乎探索一种乐观的生活方式。做一个积极的思考者并不代表想法可以不切实际，而是在任何情况下都会积极地寻求有利的一面，并且认识到积极的思考是一种更具活力、更健康地看待世界的方式，通常会带来更好的结果。表现出积极的想法意味着你拥有积极进取的态度，这是韧性的关键技能之一。

支持网络

知道谁在你的支持网络中，以及在危机时刻你可以向谁寻求帮助，这一点是至关重要的。很少有人能在没有他人支持的情况下克服困难。所以，花点时间来建立和培养你的人际关系网络，了解在你的人际关系网络中的每个人都能提供什么帮助。发展相互支持的关系非常有必要，在那里，你可以广泛听取意见，可以唱反调，也会在必要时为彼此提供安慰。俗话说得好："问题分享，问题减半。"然而，仅仅分享是不够的，你必须和那些愿意与你积极合作的人，那些你信任并尊重的同事建立关系。有时候，仅仅从不同的角度看待相同问题就能让你用全新的眼光重新审视它，从而采取一个有助于你前进的方式。你会发现，记下关系网中支持你的人会非常实用。

对他人的感知力

这是关于通过询问他人如何应对具有挑战性的情况来感受和理解

他人的能力。你需要关注那些能很好地处理这种情况的人，以及那些反应不太积极的人。作为老板或同事，了解其他人的情绪和行为变化可以帮助你更全面地认识自己和其他人如何应对挑战与挫折。这种意识不仅有利于你的个人韧性培养，还能帮助你维护声誉，成为一个赋能型的有效领导者。

幸福感和平衡感

幸福感有许多不同的定义，对不同的人意味着不同的事情。例如：

◆ 社会幸福感需要有高质量的人际关系作为支撑。
◆ 身体健康是关于健身与养生的。
◆ 财务健康是关于财政收益与财务安全的。
◆ 在工作的背景下，精神上的幸福可能意味着做有价值和有目的的工作。

此外，许多人谈论保持生活的平衡。了解什么有助于形成你的幸福感，从而帮助你渡过逆境。认识到如何保持平衡，如何保持自己的整体健康和生活精力，将会影响你处理压力的方式。学会为生活换挡，提升应对技能，从紧张的环境中抽出时间来给自己充电，例如，锻炼身体、喝杯咖啡、放松身心、和朋友散步，或者做些不同的事情。

学会为生活换挡，提升应对技能

重视学习

这是指思想开放，对发展和学习新技能感兴趣，并不断寻找机会探索新的想法，这些有助于你提升应对压力和挑战的能力。压力与挑战往往提供了令人兴奋的学习机会。你所经历的挑战或压力可能只是你被推出了自己的舒适区。如果你愿意接受新的想法，愿意学习新的技能和做事方法，你会发现以前有压力的情况变成了学习的机会。当然，这听起来很容易，但它往往需要人们改变对待未知事物的态度和处理方式。

视角

韧性会受到你看待问题的角度的影响。因此，重要的是需要了解是什么让你感到了压力、紧张，是什么让你受到挑战。一旦你知道了这些，你就可以评估你对这些情况的理解。当你退后一步，审视自己的观点，事情似乎没有最初预期的那么有压力，放慢脚步，集中注意力，审视自己的观点，你就可以应用上面的一些方法来帮助你处理这种情况。

我们以不同的方式应对紧张和压力，有些人在压力环境下工作反而会表现出色，而有些人则会萎靡不振。有些人天生具有韧性、适应力强，但我们所有人都可以提高自己的韧性水平。关键之一是要知道是什么让你感到最紧张，给你带来了最大的压力。一旦你意识到你的压力源，通过运用上面描述的一些策略和方法来发展应对机制就会变得很容易。

为了提高你对自己的韧性水平的认识，你可以完成下面的测试，它可以帮助你发现你最脆弱的那些方面，以及你目前是如何应对压力和紧张的。

我们所有人都可以提高自己的韧性水平

个人韧性测验

问题	是	某种程度上	否	笔记
1.对自己的技能和信念充满信心				
2.能够适应变化和不确定性				
3.能够控制自己的情绪反应				
4.在生活中感到精力充沛，并能控制工作与生活的平衡				
5.能够很快从挫折中恢复过来				
6.生活有目标和重点				
7.对他人的感受能够做到感同身受				
8.有能力转移注意力，放松下来				
9.有很好的社交支持网络				
10.对大多数事情持乐观态度				

　　看看你的测试结果，如果你的回答大部分是"是"，那么证明你的韧性很强；如果大部分是"某种程度上"，那么说明你是在正确的轨道上；如果你的回答大部分是"否"，这表明你的韧性非常弱，你属于脆弱易受伤害型，你需要提高自身的技巧和能力。完成测试

后，为了提高你的韧性水平，你可能会对自己的答案进行反思，并选择两三个你认为自己比较脆弱的领域，然后集中精力提升这些方面的能力。例如，你觉得自己很难转移注意力并放松下来，那就有必要找出改善的方法，比如散步、练习瑜伽、听音乐、读一本好书。关键是找出适合你的方法。你也可以考虑一下长期计划，确定你可以实施的生活策略。在这里和朋友坐下来一起解决其中的一些问题可能会很有帮助。

作为一个领导者，你的职责之一就是帮助他人提高韧性。通常情况下，韧性强的人更可靠、更乐观，总体上能保持较高水平的表现。所以，你应该鼓励他人考虑他们自身面临的压力和挑战是什么，也许你可以鼓励他们完成上面的测试，以此作为起点，帮助他们了解如何提高自己的韧性水平。

成功小技巧

作为个体:

◆ 找出你的主要压力源。

◆ 回想一次你从挫折中恢复过来的经历,确认当时你是怎么做的。你是如何从这次经历中总结经验教训的?

◆ 当你感到压力或紧张时,关注你的情绪反应。试着说出你的情绪以及为什么你会有这种感觉,这将有助于你形成更好的情绪控制和自我意识。

◆ 注意你当前采取的应对机制,并开发一些新的技巧。

◆ 随时准备好寻求帮助。

作为管理者:

◆ 观察别人,帮助他们认识到自身的压力源。

◆ 了解人们的韧性水平以及人与人之间的差异。

◆ 注意人们是如何应对的,并找出那些采取应对机制的人和那些表现得很勇敢的人。

◆ 帮助他人提升韧性水平和应对机制。

第二部分

Part Two

赋能工具箱

优秀的领导艺术远非简单地懂得领导技巧。

4

指导力：让员工发挥自身潜能

在过去3年进行的研究中，我们发现拥有最佳指导技能的领导者会取得更好的业绩。

——IBM全球执行和组织发展副总裁

指导和授权的艺术是有影响力的领导者工具箱的重要组成部分。那么，我们所说的指导是什么意思呢？指导主要是倾听他人的意见，并帮助他们提高效率。指导的定义有很多种，但对我们来说，它是让人们能够独立思考，提出自己的选择和可能性，而不是告诉人们该做什么或者仅仅给出建议。授权经常与指导过程联系在一起。如果同事们在这一方面做得很好，就让他们放开手去做，充分发挥自身潜在的技能和知识。

为什么要进行培训？

在你的组织中营造培训的氛围有很多好处。对领导者本人来说，在所属领域不断提升自身技能也很重要。

◆ 人们需要持续不断地学习。学习是一件很重要的事。当产品和服务相似时，竞争优势来自拥有众多有想法、有技能、有责任感、主动性强的员工的组织。指导的核心理念是发展他人，帮助他们学习。没有指导、培训，有些事是不可能实现的。最终，随着环境变得越来越复杂，组织的业绩就是学习成果的最好体现。借用"行动学习"创始人雷格·雷文斯的话来说，如果环境变化的速度比你所在组织的学习速度要快，你就出局了。美国通用电气公司的杰克·韦尔奇也把这句话当成自己的座右铭。这意味着，我们不能等到组织的其他部门发生变化后才进行改变，我们必须承担个人学习的责任，并且作为一名管理者，我们要鼓励其他人也这样做。

◆ 帮助他人。有效的指导是帮助人们实现他们想要实现的目标，无论是职位的晋升、技能的提升、绩效的提高、自我醒悟能力的提高，还是为了实现更好的平衡。培训必须把注意力主要集中在被培训的个体身上，同时结合组织的需求培养人才。

◆ 将责任和所有权放手交与他人。培训的主要目的是取得更好的成绩，无论是在体育、艺术还是商业领域。当人们以物主身份为自己的行为负责时，他们会表现得更好。如果你总是事无巨细地对属下加以监管，他们的潜力则无法最大限度地发挥出来。

◆ 提升自身的领导技能。领导层需要从工作的细节操作上退出来，更多地关注战略和人力因素。如果你忙着做每件事，你就不可能很好地完成所有工作。练习指导的艺术将会帮助你成为一个有效的领导者。

◆ 让人们独立思考，主动作为。如果所有想法最终都是由你定夺，那么你并没有鼓励员工充分利用他们的技能。你的工作是培养你的员工，这意味着让他们习惯提出新的想法并加以实施。最有效的方法之一就是做他们的教练。俗话说："如果我们总是照旧行事，那我们得到的结果也将始终如一。"因此，在我们生活的这个不断变化和复杂的世界里，创新和创造力弥足珍贵，你的工作是鼓励别人这样做，而不是自己想出所有点子。

培训的主要目的是取得更好的成绩

有效培训的技巧

有效的培训应该展示出许多教学技巧，包括图4.1中所示的这些。

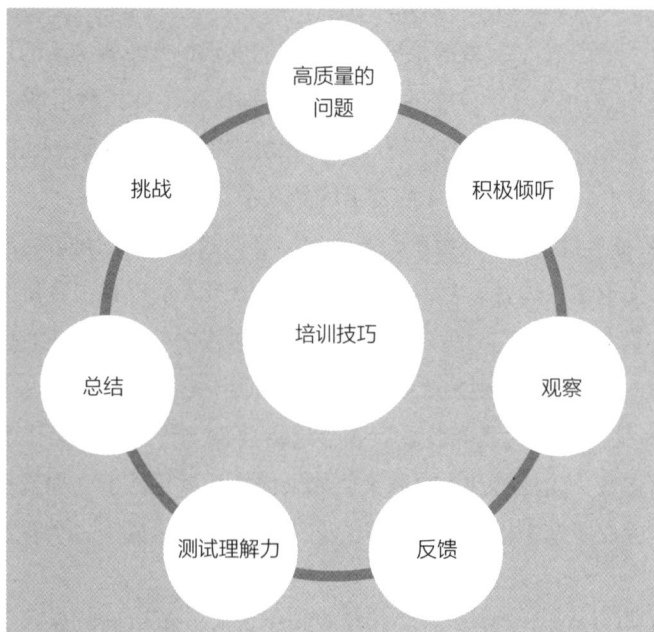

图4.1　一次有效培训所需要的技巧

高质量的问题

> 如果我有一个小时的时间来解决一个难题，而我的生命就取决于解决方案，我会把前面的55分钟用来确定哪些是最需要问的问题，因为一旦明确了问题所在，我会在5分钟之内解决这个难题。
>
> ——爱因斯坦

　　指导的关键技能之一是能够提出有效的问题。这并不容易，我们发现人们更倾向于讲述和提供建议，而不是思考该问什么问题。人本主义心理学家卡尔·罗杰斯告诉我们，我们之所以无法沟通，是因为我们不能有效地倾听和回应。因此，对一个指导者来说，克服给予建议的天性，用心提出高质量的问题并倾听学员的回答是非常重要的。

　　那么什么样的问题可以称得上是高质量的问题呢？许多问题事实上并不能被称为问题，而仅仅是换一种方式陈述，或者更糟糕的是指责。我们经常对别人说的话做出判断和假设，这让我们无法真正倾听。我们需要暂停这些判断和假设（这种暂停有时被称为方括号法）。一个好的问题是不做假设或判断的问题，无论是在提问的方式上，还是在提问的语气上。

一个好的问题是不做假设或判断的问题

一个好的问题是：

◆ 使受训者真实地反思现状。
◆ 迫使人们从不同的角度看待问题。
◆ 有足够的时间让受训者回答问题。

◆ 不会流露出教练个人关于这个问题想要的答案线索。

◆ 帮助受训者把关注点放在解决问题上，而不是急于指责造成这种局面应该由谁负责。

◆ 挑战人们去质疑自己的假设。

◆ 足够开放并促使受训者真正去思考并表达出来。

问题不应该被引导，换句话说，他们不应该对某种答案抱有偏见。例如："我们在这一点上意见一致，不是吗？"你应该尽量限制封闭式问题的数量，也就是那些可以回答"是"或"不是"的问题。例如："你同意吗？你支持这一观点吗？你喜欢这样吗？"

以下是一些优秀的提问案例：

◆ 你做过哪些尝试？

◆ 假设这个问题已经解决了，你会看到什么？听到什么？感觉到什么？

◆ 阻挡实现理想结果的障碍在哪里？

◆ 你对已发生的事情负有什么责任？

◆ 有哪些早期迹象表明情况可能会好转？

◆ 想象一下，现在正是你最足智多谋的时刻，关于这个问题，你有什么看法？

◆ 这里有哪些行动选项？那么，下一步是什么？第一步是什么？

◆ 你有何感受？

◆ 还有什么要说的吗？

◆ 我能否确认一下我是不是真正理解了你提出的观点？你的感觉或想法是……

◆ 那么，到目前为止总结一下……

积极倾听

这意味着你能够准确地关注受训者说了什么，以及他们是如何说的。这意味着要注意副语言（比如语调）和肢体语言。艾伯特·梅拉比安教授的一项著名研究告诉我们，当涉及情感时，语言只占意义的7%，肢体语言占55%，副语言占38%。也要记住，梅拉比安教授告诉我们，这种分布只在人们谈论情感问题时才成立，而不是一直如此。他的研究也受到了争议，但所有研究人员一致认同的是，副语言和肢体语言是所有交流的关键。

观察

你的受训者通常不会意识到他们的肢体语言或副语言，甚至不知道他们说一个特定单词的次数。举一个这方面的例子。麦克正在教一家大型国有企业的经理们如何辅导员工。在一个真实的指导案例中，其中有个受训者6次提到"有罪"这个词，但自己却没有意识到。这时，指导者就必须注意这个词，并探究它背后的含义。

通常情况下，当人们谈论某个特定的人或话题时，他们会身体前倾，精力更集中，但他们并没有意识到自己做出这些举动。作为指导者，你的工作就是向他们指出这一点。不要假设它意味着什么，只要指出它，然后问他们这些下意识的动作可能意味着什么。例如，在一次辅导课上，西蒙用一种相当无聊的方式描述他的工作。他靠在椅背上，用一种平淡的语调说话。然后当他提到了关于他工作的某个特定方面，以及他最近工作中的一个案例时，他突然向前移动，眼睛也亮了起来，声音变得更大了，并充满活力。

在这种情况下，你作为指导者的任务是向西蒙指出，在对话中的某个特定点上，他的行为有所不同。然后问他为什么会这样。这通常会使受训者有更深刻的见解。

反馈（行为识别）

在我们上面所描述的基础上，指导者需要注意受训者的语言、感受、情绪和姿势，还需要巧妙地将它们反馈给受训者。第一步是引起注意，然后有必要将行为反馈给受训者，并问他们这可能意味着什么。比如在上面的案例中，我们就可以说："西蒙，我注意到当你谈论到工作的某个方面时，你的身体坐得更直了，你的表情看起来更生动，声音也变得非常热情。你能给我讲讲是怎么回事吗？"我们千万不能掉入解释这件事情并告诉受训者这是什么意思的陷阱。

指导者需要注意受训者的语言、感受、情绪和姿势

测试理解力

你需要确保自己完全理解受训者的意思。人们很容易就会产生误解，或者更糟糕的是，做出假设。所以，你需要花点时间来测试你的理解程度，可以通过问以下这样的问题来检测，例如，"我可不可以确认一下××的意思"，或者直接表达"我不太清楚你说的是什么意思"。

总结

作为指导者，复盘谈话内容是很重要的，这样你才能总结谈话的进展。所以你可能会不时地说："塞西尔，让我总结一下我们的谈话进展到什么程度了。"这会让塞西尔对谈话进展有一个大致的了解，也能让她补充更多的信息，或者纠正任何不准确或被误解的信息。

挑战

在我们看来，指导者的主要工作之一就是挑战受训者的思维和假设，但这需要以一种积极而优雅的方式来实现。所以，你可能仅仅会问："你确定吗？"或者："我能挑战一下你的想法吗？"或者："你是不是在做假设？"

如何培训他人

我们发现了两个特别有用的模型，可以作为指导他人的实用框架。我们不建议你盲目地坚持任何一种模型，但是当你开始以一种更结构化的方式使用指导技术时，它们可能会非常实用。

其中一个模型是约翰·惠特莫尔爵士开发的"GROW"[1]模型，在这个模型中，管理者将利用这种结构找出受训者的目标、现实情况、选择和意愿。这样做的目的是让指导者先探索一下受训者的具体目标，然后再去了解他们现实中的情况。现实生活中都发生了什么，人们是怎么说的、怎么做的，都有谁参与其中等。

然后，指导者让受训者制订一些不同的选项，在进行下一步之前先询问他们的决心或能承担义务的程度，以及为了具体的行动能付出多少精力。这是一个看起来非常简单明了的模型，但它可以帮助你采

1　分别为英文单词Goals（目标），Realities（现实），Options（选择），Will（意愿）的首字母。——编者注

取一种更结构化的指导方法，而不仅仅是给出建议，所以在实践中，拥有这样一个模型是非常实用的。在现实中，许多管理者在没有充分了解员工本人的具体目标的情况下就开始进行盲目指导，结果发现自己陷入了困境。

我们创建了这个结构的改良版本，并在流程中多添加了几个"R"（图4.2）。第一个新增的R是提醒我们要特别询问关系、事实和数据。

◆ 受训者的感受如何？
◆ 受训者目前的情绪状态是怎样的？
◆ 还有谁参与其中，他们的感受如何？

真正的危险在于，管理者们可能会试图忽略其中涉及的情绪现状。

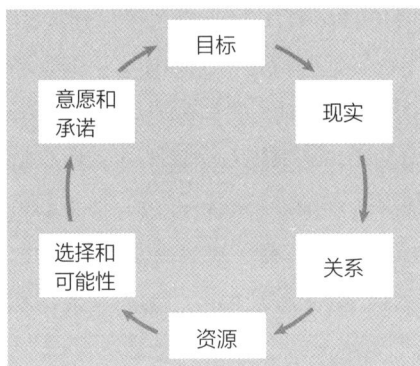

图4.2 "GRRROW"模型（注：GRRROW是每个环节对应英文单词的首字母）
图源：麦克·布伦特，改编自约翰·惠特莫尔爵士

我们增加的另一个R是指资源，我们的意思是，有哪些优势和资源可以帮助受训者进步？比如，他们什么时候成功地解决过类似的问题？有哪些资源和能力可以帮助他们解决这个问题？你不能只是把注

意力集中在受训者做不到的事情上。

管理者们往往忽视受训者的个人目标，直面现实问题。通常情况下，管理者们都很擅长提出关于现实的分析性问题，但不太擅长提出有关情感和心理现实的问题。至于选择，这里的陷阱是管理者们习惯给出自己的选项和意见，而不是让受训者提出他们的意见。许多人也会忘记询问意愿和承诺，以为一切总会发生。重要的是要问一些关于意愿度和承诺的具体问题，得到具体的行动和日期，并对这些进行后续跟踪。

我们发现第二个有用的模型是"OSKAR"模型，它是由解决方案专家马克·麦克高和保罗·Z.杰克逊发明的。"OSKAR"代表结果、分值、专业知识、确认与行动、回顾与审视（见图4.3）。

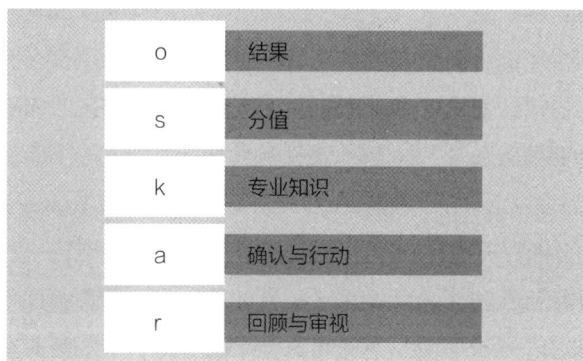

o	结果
s	分值
k	专业知识
a	确认与行动
r	回顾与审视

图4.3　OSKAR模型

重要的是要问一些关于意愿度和承诺的具体问题。

结果

指导者首先要了解受训者渴望得到的结果。比起简单地询问目标，这可能是一个更好的问题。在特定的情况下，我们中的很多人都不知道自己的目标是什么，但是当被问及结果时，会迫使我们反思自己想要达到的目标。即使我们没有取得任何进展，这本身也是一个很好的训练步骤。这样，受训者就会更清楚地知道他们想要什么了。

分值

这意味着在1到10分的范围内找出这个人与预期结果之间的关系。那么，举例来说，如果我的目标是与老板改善关系，那么问题就会是："在1到10的分值内，10代表高分，1代表低分，你觉得你们现在的关系怎么样？"如果受训者给出的答案是3分（满分10分），那么下一个问题将会是："你希望能得分多少？"答案可能是5分。这里，你可能会问："5分看起来会是什么样的关系，或者给人什么样的感受？"然后你会问一些具体的问题，在5分的关系当中，你的老板将会是什么样的状态，或者说你将会处于什么样的状态。

这会迫使你想象在这种改善的关系中，你和老板会采取哪些积极的具体行动。它还有一个好处，就是让你意识到自己不是处于一个被动的弱势地位，而是在这种情况下扮演了积极的角色。在这里，不仅仅是你的老板可以选择不同的做法，你也可以做出改变。一旦你能够想象到你的老板会有什么不同的做法，你就可以去跟老板主动沟通，以获取回应。

专业知识

这是关于找出受训者的强项是什么，他们有什么资源，他们什么时候克服过类似的问题。人们常常认为自己是没有资源的被动弱势群体，但事实上，他们很可能拥有可以用于解决当前问题的力量和资源。指导者将再次帮助受训者关注他们的资源和能量，而不是他们的弱点。

确认与行动

这是一个分两步走的过程。第一步是，指导者会给予受训者积极的肯定，这是基于积极心理学的观点，我们将在第14章中进一步讨论。指导者会对受训者在当前情况下已经做出的积极行动给予肯定的反馈。这很重要，会让受训者多一些自我肯定与信心，更重要的是，它会点燃受训者的热情。你可能会这样鼓励受训者："我喜欢你在困境中为自己挺身而出的方式，这是真正的勇气和韧性。"

对大多数管理者来说，给予积极的肯定并不容易，但我们认为，能够注意到人们的积极行为和优势，并与他们分享这些是至关重要的。同样，我们将在第14章中进行更详细的讨论。

"确认与行动"过程的第二步是详细询问受训者，他们将采取什么样的具体操作步骤来处理即将着手解决的问题。越具体越好，不要泛泛而谈，要确保你在一定的时间范围内采取具体的行动。如果受训者提道"我会和我的经理谈谈"，这是不够的。不仅要问他们何时何地，更重要的是要问他们具体要谈什么，以及如何谈。让他们大声地对你说出来，这样你就能知道他们可能会怎么说。

同样，你可能会遇到一些阻力，但是如果你不强调细节，那么你就不能帮助受训者真正地思考问题。

从原则上讲，最好是让受训者采取一系列小步骤，而不是去追求他们不太可能实现的雄心勃勃的目标。例如，如果你在培训一个不爱运动的人，你可能希望听到他们说他们将从每天步行15分钟开始，而不是告诉你，他们将在一周之内从什么都不做到每天跑5英里[1]。

1　英美制长度单位，1英里=1609.344米。——编者注

回顾与审视

这可以分成两个阶段完成。首先，在培训过程中，你可以回顾并总结所讲的内容，然后就具体的行动和时间框架达成一致。这确保你们都同意对方所说的话，约定一个时间见面并回顾以往所做的事。其次是审查会议，这是在受训者执行他们商定的行动之后的事宜。在这一步，你可以对受训者曾经说过的他们将要做的事和他们实际上做了什么，以及事情的结果进行比较。这可能会导致你要进行更多的指导，或对已达成一致的行动进行调整，还有其他的后续计划。把它看作一种现实检验：他们实际上做了什么，他们是否需要回到结果上重新考虑他们想要实现什么，什么是可能实现的？

指导时应避免的陷阱

当你在指导别人的时候很容易产生无益的行为和不好的习惯。以下是一些你可能会落入的陷阱：

◆ 成心找麻烦。有一个短语叫作"成心找麻烦"，意思是你最终承担了别人的困难与问题。这在管理中非常普遍，原因有两个：一是管理者经常认为他们的工作是解决问题；二是由于等级制度和命令控制文化，许多员工已经习惯了让别人替他们思考。所以作为一个指导者，你必须避免为别人的问题承担责任，你的工作是让他们主动思考，而不是替他们解决问题。

◆ 给予建议。在我们的研讨会上，我们观察到许多管理者的默认风格是立即给出建议，我们称之为"你为什么不呢？"或"如果我是你"式的培训。我们知道很难做到不去提建议，当然有时候建议是必要的，但这不是真正意义上的指导，因此，与其给出建议，不如把它放在一边，告诉自己，你的目的是帮助受训者找到他们自己的答案，并使用上面提到的指导过程，将你的注意力集中在让受训者反思并做出选择上。

◆ 提供一个解决方案。员工带着问题来找经理，经理没有问员工他们遇到了什么问题，也没有倾听员工的倾诉，而只是觉得有义务向员工提供解决方案。除了老板并不总是对的这一事实外，这还会导致员工在思想上的懒惰，他们不会被迫去仔细思考这个问题，并提出不同的行动方案。

◆ 打断。这是经理们经常做的事。有时是因为自大，但通常是因为想要帮助别人。但是打断别人是一件暗藏风险的事情。人们有一种被倾听的基本心理需求，如果你打断了他们，你就是在否认这一点，这也意味着你告诉他们，他们的观点没有你的重要，这对指导过程是具有破坏性的。

◆ 没有全身心投入。当你在指导他人的时候，要全身心投入，这意味着你能做的最重要的事情就是全神贯注地投入对受训者的指导过程中。提前知道下一个问题是什么并不总是必要的，但如果你完全专注于受训者，把你的注意力牢牢地放在当下，你会注意到更多，听到更多，下一个问题就会变得更容易回答。

◆ 不恰当的非语言行为。你的受训者将在你观察他们的同时观察你，这意味着你必须注意你的非言语行为。你需要表现出兴趣和精力充沛。指导过程中不要表现出不耐烦，不要坐立不安，不要看表，这样只会让受训者觉得他们需要抓紧时间。记得在会议开始时设定关于机密性和时间的指导方针。

◆ 被分心。这很容易发生。你也有很多事情在脑海里，你可以让你的思想在这个过程中漫游，这意味着你没有把注意力集中在当下，没有足够仔细地听别人在说什么，也没有注意到语调的细微差别和变化。因此，你就停留在一个比较表面的层次上，不去注意潜在的问题。而且，你的受训者会注意到你没有集中注意力，认为你没有严肃对待他们或这个问题，或者两者都没有认真对待。

◆ 审问。如果指导者开始以一种不耐烦和匆忙的方式问太多封闭式的问题，就会存在风险。受训者没有感觉到自己被倾听，他们会觉得指导者并没有试图一起探讨这个问题，只是在寻找可以用来批评的事实。你还必须注意语气，如果你不考虑受训者的感受和情绪，这个过程看起来就像是一场审问。

◆ 指责和判断。如果你对学员和他们的行为提出批评，他们会觉得你在责怪他们，这会让他们产生防御心理。当然，给人审判的感觉来自你使用的词语，也来自你的语气。当你指导别人的时候，你必须保持开放的思想，中立、不评判。你试图了解事情的真相，而批评是使受训者沉默的最可靠的方法，所以你将一无所获。

我们应该在什么时候提供指导？

简单的回答是"一直"。如上所述，反对提供指导的理由之一是它需要花费大量的时间。然而恰恰相反，简单直接地告诉人们该做什么才是真正的浪费时间。我们常常倾向于使用"为什么不呢？"的模式，而不是询问人们的想法和选择是什么。尽管我们不建议在危机中询问人们的不同选择，但几乎所有的互动都可以通过指导的方式来完成。培训是一个回顾过去的危机并从中学习的机会。

在日常工作中，常常询问同事将要做哪些工作，并立即给出指导，我们称之为即时指导。在日常的人际交往中，这样的机会随处可见。你还可以精心准备一些培训课程，找到合适的机会与自己的团队坐下来具体讨论一下他们所关心的问题。但是，当你看好一个可以指导某人的机会，而他们并没有上前来咨询你的意见时，这时候你会怎么做呢？就像上面描述的即时培训模式一样，我们可以推荐一种方法来帮助解决这种情况。

如果你发现了某人在某个领域可以有进一步提升的空间，首先问问他们认为自己做得如何。如果他们花点时间反思后才回答说做得很好，但还可以做得更好时，那么这就是指导他们的时机。然而，如果他们说他们做得完美，那么你可以就他们的表现问另一个更具体的问题，如果这一次他们承认他们可以做得更好，那么你就有机会指导他们。如果他们没有看到任何改进的潜力（但是你看到了），这一次可能有必要就实际情况指出一些问题。例如："我注意到你有好几次打断了客户的谈话。"然后，他们可以选择承认自己的表现有需要改善的地方，从而给你一个指导他们的机会。

如果他们再次否认有任何需要改进的地方，那么在这个阶段，你必须指出，在你看来他们需要有哪些改进，并且表示你很乐意指导他们。到这时，你已经给了他们充分的机会来分析他们的表现，并认识到他们需要改进的方向。如果他们做不到这一点，你可能需要与他们严肃地讨论一下他们的态度问题。

近年来，指导下属已经变得非常流行，许多高管都乐于开展长期培训。这是一个重要的转变，改变了过去培训总被认为是一种补救措施，只针对表现不佳的人进行的观念。事实远非如此，培训就是要开发潜能，提升表现力，我们都能从中受益。毕竟，体育和艺术领域的顶尖人才都受益于培训，我们普通人怎么会有所不同呢？

许多管理者会指出，培训员工的文化在他们的国家并不适用，他们经常说某个特定民族的人们不理解或不重视员工培训。我们在全欧洲以及泰国、中国、美国、墨西哥和瑞士举办了管理者培训讲习班，学员来自印度、巴基斯坦、日本、中国、泰国、新加坡、中国台湾、韩国、中国香港、波多黎各、墨西哥、美国、阿联酋、卡塔尔、印度尼西亚和马来西亚等国家和地区。

总的来说，我们的经验表明，大多数管理者都认为培训这一管理方式好处良多，尽管他们有时在实施时会遇到困难。然而，在所有文化中都有相当数量的职业经理人认为没有必要采取培训模式。文化理论研究表明我们在远东、中东和南美可能会遇到更多的阻力，但是我们的经历告诉我们事实并非如此。不过，在管理者对培训的态度这一问题上，确实有一些影响因素，文化因素肯定是其中之一。

如果我们以一个我们有过一些经验的文化——中国文化——为例，我们会发现长幼尊卑的观念以及对上级权威的尊重有时会成为有效培训的障碍。例如，通用电气驻北京的人力资源经理莎拉·清田讲述了她之前所在的组织在中国实施培训的故事。

案例研究

即使是那些努力培训员工的经理，最后似乎也变成了"告诉"和"指示"。为什么会造成这样的局面呢？主要有两个原因：一是从员工的视角出发，二是从经理的视角出发。在中国，如果一个员工去找他们的经理，他们希望得到经理的回答，而不是得到一个类似这样的问题："你会怎么做？"员工对这种问题的反应是："如果我知道，我就不会问你了。"另一种反应可能是："经理之所以会问我，肯定是他自己也不知道解决方案。"这样，经理可能会面临丢面子的风险，也会让人觉得他经验匮乏、知识不足。

正如莎拉指出的那样："中国人不太可能在培训过程中公开指出老板所犯的错误。中国的教育制度是建立在背诵和听老师命令的基础上的。因此，人们自然希望经理能给出明确的指示和详细的命令。如果一位管理者采用提问题的方式进行管理，可能会失去下属和员工的尊重，他们的行为也可能会被误解。"

虽然我们列举了一个中国的例子，但值得指出的是，我们也得到了一些中国管理者有效培训的案例，以及英国、欧洲和美国培训不当的案例。尽管实施一种培训模式会有一些文化上的障碍，但实际上，更多的是取决于培训技巧。我们已经看到，当我们处理简单的问题时，采取告知或者指导的方式是有效的，因为答案很明确，但在处理更复杂的问题或困境时，无论在什么文化中，这种方法都不起作用了。

实施一种培训模式会有一些文化上的障碍

在一个培训不是很普遍的文化中，有经验的管理者仍然有可能在思想上对员工加以引导，强调我们正在面临一个复杂的情况。在这一案例中，没有简单的答案，只有不同的选项。因此，他们首先对了解更多情况感兴趣，这牵涉到其中的人已经尝试过什么，管理者和其他人的感受如何。至少，他们让员工去思考和反思，让员工成为解决问题的参与者，而不是依靠经理来告诉他们该做什么。

成功小技巧

◆ 不要过度提问。提问在某些情况下可以具有挑战性，但这不是审讯。

◆ 让受训者经常进行自我总结。

◆ 了解自己对给出建议的倾向，以及受训者对建议的需求。

◆ 不要太快给出建议，要谨慎使用建议。

◆ 试着通过提问来重构和提供不同的观点。

◆ 确定限制条件，特别是内部的限制。

◆ 平衡现实问题，推动事情顺利解决。换句话说，不要试图获得所有事实。

◆ 要记住使用简单质朴的问题，有时这是非常具有启发性的，也是强有力的问题。

◆ 除了逻辑之外，也要学会解读情感。

◆ 使用"假设"类的问题。

◆ 问一下这个问题到底有多重要，有时候这很能说明问题，你可以使用我们前面提到的量度技术。

◆ 要建立在受训者实际提出问题的基础上去深入探讨，而不是发明新的问题。

◆ 培训的目的是引导行动。

◆ 挑战是培训的一个关键方面，但是要建设性地去做。

◆ 除了注意受训者的语言外，还要注意他们的非语言交流。

5
影响力：4个关键维度与10个关键原则

领导力的本质是影响力。

——加里·尤克尔教授，奥尔巴尼大学，纽约

在这一章中，我们计划分享影响力的基本原则。为了更全面地讨论这个有趣而重要的话题，请参考我们所著的同一系列书籍《领导者影响力指南》（培生，2010）。

那么我们所谓的影响力是指什么呢？我们认为影响力有4个关键维度，如图5.1所示。

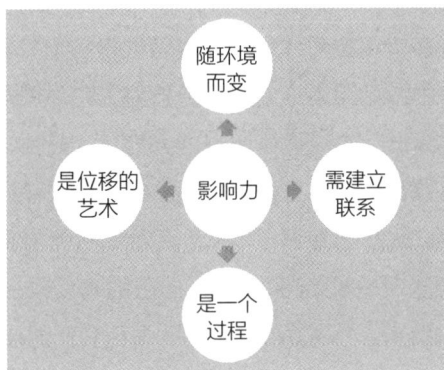

图5.1　影响力的4个关键维度

影响力随环境而变

每一种情况都是不同的，你需要根据环境调整你的影响方式和方法。你可能有一种更喜欢的影响他人的方式，但它可能并不适用于任何情况。所以你需要意识到你首选的影响方式，并弄清楚你是否需要针对这些不同的情况灵活运用它，这包括在你开始施加影响之前对每种情况进行分析，并找出应对这些情况的最佳方法。

这比听起来要难。我们发现，大多数管理者都有一种默认的影响方式，他们经常使用这种方式，并且过去的经历证明这种方式很成功，所以他们一再使用这种方式。但这并不能保证它在未来会奏效。你必须走出你的舒适区，学会使用不同的方法。

影响力需建立关系

影响发生在人与人之间，所以你需要再次意识到你自己的影响方式以及其他人可能喜欢的方式。你有责任去阅读和理解他人，然后以一种对他们有意义的方式去影响他们。影响不仅仅是基于你想要获得什么，还在于你要理解对你想要影响的人来说什么是有意义的。

下面介绍一些实用技巧。一种方法是创建一个关于你的影响力的利益相关者图表（参见《领导者影响力指南》，你可以得到更全面的解释），并尝试找出其中对你所影响的人有什么好处。让我们面对现实吧！如果你没有正式的职权，而且对其他人没有任何好处，你就不太可能影响他们，这意味着你必须从他人的角度来看待每一种情况，然后想出如何用这种方式而不是从你自己的角度来构建你的影响论点。我们喜欢把这叫作"SWIIFT"原则，那么我们能从中获得什么呢？

你必须从他人的角度来看待每一种情况

我们发现在关系影响中另一个非常有用的技巧是范围模型，这是已故的乔治·普林斯和文森特·诺兰发明的一个模型。它包括把观点建立在其他人的想法之上，而不仅仅是批评他们。通常在会议上，当有人提出一个想法时，我们会听到很多负面的反应，比如"这个行不通"或"我们已经尝试过了"，或者当人们试图更积极地看待这个想法时，他们可能会说，"我同意你的想法，菲奥娜，但是……"，然后他们开始继续反对它。

普林斯和诺兰的建议是，不要完全同意或不同意某个想法，你应该积极地考虑这个想法可能有什么价值。毕竟，在讨论复杂问题的会议上，一个人不可能拥有所有答案。你需要在一个想法中寻找任何有价值的地方，所以你关注的不是你不同意或不喜欢的地方，而是你认为有意义的地方。这一比例可能高达90%，也可能低至10%，当然，你不会提到具体的数字。你可以这样说，"菲奥娜，我喜欢你的想法中……"或者"我喜欢你把关注点放在……"，然后在你认为有价值的那一点上深入谈论。之后，下一个你用到的词不是"但是"，相反，你应该用"而且"。所以你的措辞应该是，例如："我喜欢在这份合同中，你把重点放在使用外部供应商上，而且在这种情况下，我们可以尝试使用一个新的供应商。"所以，实际上，你所做的就是注意到别人的想法中优秀的一面，学会欣赏，然后在他们想法的基础上融入你自己的想法。

但是如果你认为别人的想法并无价值，该怎么办呢？在这种情况下，我们仍然希望你能表达一种感激之情，你或许可以这样说："我喜欢你积极的态度。这表明你对这个问题很感兴趣。"然后，你可以表达你的担忧，"我有点担心……"，或者问一个开放式的问题，而不是带着批判的口气。所以你的句子可能是这样的："我喜欢你的热情，麦克，这表明你真的很有动力。你认为它在实际操作中会起到怎样的作用呢？"你在这里所做的是暂停任何批判性的判断，但仍然迫使对方面对具体的现实问题。然后他们可能会关注这个问题，并承认他们的想法仍然有一些缺陷。这比你简单地告诉他们，他们的想法一文不值更迷人、更有效！

顺便说一下，这对你的团队中那些外向的人来说是一种非常好的处理方式，他们往往倾向于想到什么说什么，而不去探究想法的全部含义。

影响力是一个过程

影响力是指在你面临的各种情况下建立和发展你的声誉和可信度。大多数时候，你会影响你经常见到的人，无论是客户、老板还是同事，所以你必须把它看作一个持续的过程，而不是一次性的事件。你将在一个特定的环境中产生影响，例如在家里或在工作中，因此需要考虑环境因素。

将影响力视为一个过程，而不是一次性事件，是有其含义的。因为你会经常看到你正在影响着一些人，这意味着你不能误导他们。如果你这样做了，你的声誉和可信度就会受到影响，你的影响力也会受损。从更积极的方面来说，这给了你一个分阶段影响他人的机会。在很多情况下，你不可能立刻说服他人，所以把影响力看作一个过程，这样你就有机会一步一步地取得进展，并随着时间的推移达成共识，把它想象成一步一步爬上楼梯。当然，你的目标是到达顶峰，但由于影响力是一个过程，你可能无法一蹴而就。第一次面对问题，你可能需要把目标定在半途，然后逐渐向上爬完剩下的楼梯。

把影响力看作一个过程，这样你就有机会一步一步地取得进展

让我们以试图说服老板给你加薪为例。你可以直接走到老板面前，然后要求他给你加薪，并期待他或她当场就答应。你很可能会失望！或者你可以把获得加薪的目标看作一个过程。然后你可以找出这个过程中的不同步骤。第一步可能是对公司内部和外部的薪酬等级做一些研究。第二步可能是更好地了解你的老板，了解他或她看重员工的哪些方面。第三步可能是分析你的工作和取得的成果，看看哪些活动是最有成效的。诸如此类，将影响力视为一个过程，将有助于你进行计划和准备，从而提高效率。

另一个优点是，你能够在整个过程中建立共识。如果你在开会，在你进入下一个会议之前，确保在一个具体的问题上每个人都同意你的观点。不要只是点头，而是具体地询问每个人是否同意，并让他们大声说出来。这样，即便你没有得到与最初目标完全一致的意见，你至少取得了进展，当你们再次见面时，你不必从头开始走脚下的楼梯，而是从一半开始，因为你很明确到目前为止你们就哪些问题达成了一致意见。

影响力就是关于位移的艺术

我们的意思是，这并不是关乎输赢，抑或是谁对谁错的问题，而是关于让对方改变他们的立场，即使只是轻微的位移。事实上，"影响"（influence）一词来源于拉丁语"影响"（influere），意思是流入。古人认为，宇宙中有一种神秘的力量"流入"地球，并以不同的方式影响着地球，例如，制造潮汐。如果事情按照你提议的方向发生了改变，那么可以说你有效地影响了其他人，即使他们并不完全同意你的观点。因此，这里告诉人们要现实一点，不要期望赢得每一场争论。影响力与输赢无关，它是一个双向的过程。

有效运用下面的原则，将会助力你实现位移。

影响力的10个关键原则

图5.2展示了会帮助你变得更有影响力的10个关键原则，它们既来自我们与管理者的合作，也来自罗伯特·西奥迪尼博士和杰伊·康格等专家的研究。

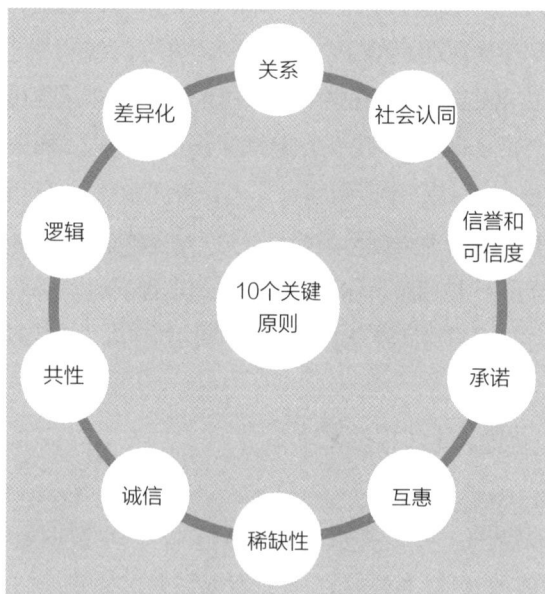

图5.2 获得影响力的10个关键原则

1.关系

对我们来说，当你试图在没有权威的情况下施加影响时，首要原则是建立有效的关系，这意味着注意日常礼节、礼貌待人、与人为善以及善于交际。它意味着对他人感兴趣，并表达自己的兴趣。具体来说，它包括有效的倾听、高质量的提问、开放式的问题、与他人的想法共鸣，并以此为基础建立良好的关系。所以我们要使用"和"而非"但是"，就像我们在前面描述的那样。建立有效关系的其他方法包括：

◆ 拥有良好的幽默感。

◆ 要确保能注意到他人的积极行为。

◆ 给予表扬和赞美。

◆ 注意到人们的非语言表达方式。

◆ 要使自己的肢体语言和言辞与他人相适应。

◆ 了解他们使用的语言方式，并积极地进行互动反馈。

心理学告诉我们，我们喜欢和自己类型相似的人交往，所以试着通过表现对他人的好奇和兴趣来移情并建立融洽关系。

2.社会认同

另一个强有力的影响原则是社会认同。这意味着，如果你喜欢、尊重或钦佩的人受到某件事或某人的影响，你很有可能也会受到那个人的影响。例如，麦克对买iPad犹豫不决，因为他不确定它是否有用，担心它只是个小玩意。但是当他尊敬的商学院同事史蒂夫、纳伦德拉和菲奥娜各买了一台时，社会认同感足以说服麦克买一台。这个原则的基础是，当我们看到我们尊敬的人已经接受了这个观点时，我们更容易受到影响。

许多组织使用这个原则。在线图书零售商亚马逊就在广泛使用这一原则。如果你是一个普通用户，你会注意到当你订购一本书时，网站会立即为你推送其他人已经购买过的同类型的书籍，希望你也会购买这些书。它还会显示已经售出的图书数量，并根据客户的评论给出星级评价。这一原则表明，如果一件产品被许多人或与我们相似的人买过，我们更有可能购买它。

3. 信誉和可信度

如果我们想要获得大众的认可，那么我们就需要积累一定的信誉和可信度，如果我们在特定的情况下没有正式的权威，我们就需要展现自身的自然权威。关于权威的力量已经有过多次实验，尽管现在我们对正式权威的尊重有所减少，但我们仍然倾向于相信专家。

如果我们想要获得大众的认可，
那么我们就需要积累一定的信誉和可信度

本·戈德契博士在他的《小心！不要被"常识"骗了》一书中提到了安慰剂效应的非凡力量。使用权威原则可以放大这种效应。在对照实验中，将有异常症状但没有明确医学诊断的患者分为两组。其中一组病人被告知医生不确定是什么问题。与此同时，第二组病人得到了权威的诊断，而且诊断的方式非常确定而直接。两周后，第一组只有39%的人好转，而第二组有64%的人好转。

这也与可信度有关，要成为一个有效的影响者，你需要建立自己的可信度。想象这样一种情况：你几乎没有可信度，也没有正式的权威。在那种情况下你怎么可能有影响力呢？所以你需要回答的问题是：在每一种有影响力的情况下，你的可信度从哪里来？你如何增强自身的信誉？

我们很幸运能在一座美丽的建筑物中工作，这座建筑最初建于12世纪，后来在1808年重建。那是一座雄伟的建筑，有着有趣的历史——女王伊丽莎白一世曾在那里住过一段时间。我们在各类出版刊物中都享有很高的声誉和排名。这座建筑的历史和这些排名提高了我们作为教师的可信度。但如果我们在中东、中国或美国教学，而学员从未听说过阿什里奇商学院，我们如何建立自己的可信度？因此，我们需要考虑信誉的其他来源，例如，我们的资质、我们的著作或我们的专业知识和经验。

不过，有一点需要提醒的是：权威是可以被人为操纵的，所以要确保信誉的真实性。

4.承诺

承诺有两个方面：一方面是得到别人的承诺，另一方面是清楚地表明你自己的承诺程度。让我们先来谈谈他人的承诺。人们通常倾向于尊重自己的承诺，特别是当这些承诺在公共场合得到证实时。所以作为一个有影响力的人，你需要确保人们在公共场合清楚地陈述他们的承诺。当你在会议上发表一份声明时，不要想当然地认为人们会同意你的观点，或者你只是常规地问一句："大家都同意我的观点，对吧？"你需要让大家明确而公开地发表自己的意见。如果他们不确定，就把这当成说服他们的机会。在任何情况下，你都要确保大家当面提出异议，这样你可以即时处理，而不要让他们现在假装同意，然后在背后破坏事情。

另一件事是从小事做起。很多人都试图说服别人对较大的目标做出承诺，但最好先从小的目标开始，做出明确的承诺，然后再去实现更大的目标。最好把你的目标分成小块，一步一个脚印地完成。

当你做出承诺的时候，如果你对这个想法或过程表现出不冷不热的态度，那就不太可能有巨大的影响力。如果你想要令人信服，你需要表现出激情、信念和渊博的知识。这对领导者来说是非常困难的，因为他们并没有亲自承诺一个决定，但他们仍然需要执行它。那么在这种情况下你能做什么呢？你需要记住，作为一个领导者，你可能并不总是完全相信一种行动方针。当然，你应该抓住机会，试图影响行动的过程，但一旦行动的过程已经决定，你就有责任确保它继续进行。如果你不同意这个决定，那么你有一个选择：或者告诉自己你可以接受它，并有机会影响实施过程；或者，如果你真的无法接受它，可能是时候换工作了。你千万不要抱怨，不要公开反对这个决定。这会影响你的信誉和口碑，以及你与老板的关系。

如果你想要令人信服，你需要表现出激情、信念和渊博的知识

记住，作为一个管理者，你不太可能同意组织内的每一个决定。因此，即使你不同意，也要确保在沟通和执行决策时尽可能积极。你不必撒谎，你可以分享，虽然你不完全同意这个决定，但你完全致力于这个组织，所以你会百分之百地执行它。

5. 互惠

心理学家迈克尔·托马塞洛告诉我们，人类是一种极具社会性的物种，所以我们不仅需要竞争，也需要合作。这意味着，如果你为别人做了什么，他们会倾向于感到心理上需要做些什么来回报你。

下面是一个来自世界慈善组织的例子。

案例研究

不久前，红十字会给麦克寄来了几张可爱的卡片，其中还包括几个设计得相当吸引人的纸板书签。正如红十字会自己承认的那样，这些卡片和书签的价值加起来可能不超过几便士。

但是因为这些卡片很吸引人，麦克决定使用它们，并把它们寄给朋友们。红十字会寄来卡片的同时也要求捐款。当然，麦克肯定是想送一笔捐款的，但暂时还不能完全抽出时间去做这件事，因此以捐款作为回报让他稍稍有了一丝压力。然后，红十字会又寄来了一些贺卡，这些卡片的设计同样吸引人。由于麦克总是抽不出时间去买圣诞贺卡，他就用了这些贺卡。然而，他同样没有抽出时间去捐款。所以，现在捐款让他感到了更大的心理压力。他意识到这是互惠原则的一个很好的例子，所以麦克决定在他的课上用这个案例作为互惠原则的教学案例。在使用了这些卡片并在他的工作中使用了这个例子之后，他感到捐款的压力更大了，以至于最后他捐了五倍于他被要求捐的款数。

所以这里的问题是，你能给别人什么？与其等着别人为你做事，不如看看你能为别人做些什么。原则可以是让他人先得到你的回报。如果你确实能做到付出在先，你会发现它会使人们的行为发生微妙的变化，但是要注意，为别人做事情，不要期望他们会立即为你做些什么来作为回报。这件事的意义远比这要微妙得多。

6.稀缺性

在日常发挥影响力的各类情形中，这一原则或许不是最容易使用的，但在营销中，它显然是用来影响人们的一个强有力的原则。大多数广告告诉我们，趁还有机会，现在立刻购买这款产品（总是数量有限），例如，限时折扣。

和许多航空公司一样，英国航空公司在网上购票环节也采用了这一原则。当你看到一个航班时，网站现在会告诉你还剩下多少座位，例如，它会告诉你这个价格只剩下两个座位，这有什么影响吗？你猜猜会如何。有统计称，它每年对英航的贡献价值约为5000万英镑。

看待这一原则的另一种方式是尝试将自己与他人区分开来，从而让自己成为一种更具稀缺性的人才资源。例如，如果你有一项特殊的技能，你将如何利用它？在哪些特定领域可能需要这种技能？那么你应该如何运用这个原则呢？你会如何表明自己属于这种稀缺性的人才资源呢？

如果你有一项特殊的技能，你将如何利用它？

7.诚信

这是关乎信任的。简而言之，如果你试图影响某人，但没有正式的权力制约他们，你需要他们信任你。如果他们对你不信任，也就不会听信于你，你就没有机会施加影响。我们在阿什里奇商学院的研究显示，大多数人相信他们的顶头上司（83%）和组织的领导人（69.8%），但仍有17%的人回答说，他们不相信他们的顶头上司，30.2%的人不相信他们组织的最高领导人。那么，你应该如何建立信任呢？

下面的清单来自我们的研究，介绍了在建立和维持良好信任水平方面的一些有用的方法：

◆ 做事公平、公正。

◆ 勇于接受人们的质疑。

◆ 定期倾听别人的意见，让人们参与进来。

◆ 就团队的共同目标和关注点达成一致意见。

◆ 明确你自己和他人的期望。

◆ 授权，在做事的方式上给人们一些自由裁量权，不要事无巨细地参与管理。

◆ 给出决策背后的原因，而不仅仅是提供决策。

◆ 一定要言出必行，换句话说，不要光说不做，一定要说到做到！

◆ 营造相互尊重的氛围。

◆ 为可能出现的潜在困难问题制订相应的计划和流程。

◆ 明确组织的原则和核心价值观，并尊重它们。

所以下次你想要影响别人的时候，问问你自己，在1到10分的范围内，你认为他们对你的信任度有多高。如果没有达到7分或7分以上，你就不太可能获得成功。

8.共性

想要有效地运用这一原则，你不能总是极力主张自己的立场。相反，你要经常询问对方的想法和感受，然后寻找你们立场之间的共同点。如果你们的立场之间没有任何共同点，你就不太可能在没有权威的情况下施加影响。那么，你唯一的办法就是更加努力地寻找一些潜在的共同点，或者找到一个有权威的人，利用他们来影响这个人。

让我们举个例子。苏尝试去影响她的同事约翰，因此，苏在自己的主张和论点逻辑方面思考了很多。她的建议是这样的："我们应该招聘一名新的销售人员。"如果约翰不赞成苏的观点，他可能会说："我不同意。"于是，苏马上说出了她事先排练过的想法。她会专注于她的论点的正确性、逻辑性或者有效性，并提出各种理由，说明为什么约翰应该同意。但是苏对约翰考虑问题的角度了解多少呢？到目前为止，她只知道他不同意，仅此而已。

所以这里的想法是让苏询问约翰的立场，而不是简单地宣扬她自己观点的所有优势。当苏询问约翰的立场时，她实际上是在扩展约翰的立场，从而增加了在两个立场之间找到一些共同点或共同基础的可能性。一旦这些建立起来，她就可以在立场之间建立联系，并增加她施加有效影响力的机会。

这里的关键技巧是提出问题，而不是简单地阐述观点。这样做，苏也会在她和约翰之间建立起一种情感上的联系。这一点很重要，因为包容是一种基本的人际需求。我们将在第14章中更详细地讨论如何提出有效的问题。在这一领域发挥效力也将建立在我们的首要原则之上：建立有效的关系。

这里的关键技巧是提出问题，而不是简单地阐述观点

9.逻辑

逻辑是必要的，但不是充分的。当然，一个明显不合逻辑的论点不会产生好的影响，但你需要用数字和逻辑说话，并讲述故事。确保数字和逻辑以清晰易读的视觉资料与图形作为支撑是十分重要的，以支持并举例说明这些数字的含义。有些作家在这方面很有才华，美国作家比尔·布莱森就特别擅长这一点。

然而，仅凭逻辑是无法令人信服的。让我们看看吸烟的例子。有许多医生也仍然在吸烟。为什么？如果我们普通大众知道95%的肺癌是由吸烟引起的，那么这些医生肯定更是知道，但单凭这些数据显然不足以说服人们戒烟。根据本·戈德契博士在他的《小心！不要被"常识"骗了》一书中所写，那些治疗肺癌患者的医生戒烟的比例比普通人要高。他们可以直接看到毁灭性的影响，而数字本身并没有那么大的影响力。

我们曾经遇到过一位经理人，他告诉我们，他的影响力问题在于，他认为自己总是对的，但他的团队却不能理解他的意图，换句话说，他们根本不认为他是对的。我们委婉地向他指出，虽然正确肯定是一种优势，但实际上这还不够，他需要考虑人们的情绪、他的影响力以及人们对这个问题的看法。然而，他仍然坚信正确就足够了，尽管这一方法在他的案例里显然行不通。做出正确的判断这很好，但还不足以让人信服。

我们相信情感是必要的，逻辑永远是不够的。人不只是受逻辑的影响。当然，正确是一种优势，但这还不够。许多人更喜欢使用纯逻辑的方法，不能理解情感联系的必要性，因此他们不能有效地施展影响力。

10.差异化

当你没有权威职权时，影响他人的一个主要方法是确保你已经在你的位置和他人的位置之间建立了一些区别。如果你的论点和其他人的一样，你就不会有很大的影响力。如果你的商业主张不能与竞争对手区分开来，你就不会很成功。创造差异化的一个方法就是讲故事。故事使信息具体化并赋予其意义，它增加了情感，因此有更大的影响。认知心理学家罗杰·单克说，人类并不是天生就能理解逻辑，而是天生就能理解故事。所以要思考如何用故事或叙述的方式来表达信息。

成功小技巧

◆ 要有耐心，影响是一个过程，而不是一次性事件。

◆ 要采取灵活多变的风格，适应形势。

◆ 要多方位了解你想要施加影响的人。

◆ 记住，影响是一个双向的过程，这里包括妥协。

◆ 分析情况，确保你选择了最合适的策略和技巧。

6

促进力：做一个有效的促进者

> 我们所谓的领导力主要包括知道如何追随。明智的领导者总是待在幕后，激励他人前行。
>
> ——约翰·海德，美国管理学作家（1960年生人）

我们所说的"促进者"是什么意思？这个词起源于拉丁语"促进"（facilis），字面意思是使事情变得容易。所以，如果你促成了一个会议或一个流程，你就会使它尽可能地简单和有用，换句话说，就是为了让参加会议的人发挥最大的作用。

你知道当你在开会时，如果没有一个人让事情能够顺利推进而不陷入僵局是一种什么感觉。总有些人的陈述没什么实质性的内容，却花费很长的时间来讲述，而另一些人可能有很多话想说，但因为缺乏信心，说的很少或者甚至什么也不说。那么这里可能会有一边思考一边表达的外向者，也会有默默思考不发表意见的内向者。还有些人会提出与当前问题无关的新话题，但他们会长篇大论地谈论一些只对他们自己有意义而对会议没有任何意义的事情。因此，必须有人推动这一进程，否则会议将陷入混乱。然而，我们通常不认为需要指定一位促进者，或者说如果我们想要这样做，我们会安排一个人来做笔记或者写在会议流程图上，这或许是在做会议主持人的工作，但是我们没有探讨过这个角色是什么，以及这个角色承担者具体应该怎么做。

促进者的角色

在促进过程中，应着重注意以下三个主要方面：

◆ 团队正在做的工作，换言之，任务是*做什么*。
◆ 完成这项任务的过程，*怎么做*。
◆ 组织内部的关系和动态，*谁去做*。

通常情况下，团队会倾向于关注"做什么"，而忽视"怎么做"。"做什么"是有形的、真实的、以结果为导向的，而"怎么做"则是无形的、含糊不清的，因此在会议中几乎不会提到。"谁去做"通常很明确，但往往做得不是很好。因此，该小组的促进工作涉及解决所有问题：做什么、怎么做、谁去做。

促进就是要确保每个想参与的人都参与进来，所以你的任务可能是找一些看起来想要参与但是没有得到机会的人。或者，这可能意味着要阻止其他人成为关注的焦点。或者当会议开始偏离主题时，让会议再次回归到正轨上，又或者让人们重新获得一种控制感。

以下是促进者角色的一些关键点：

◆ 创造一种环境，让人们可以自由地提出想法，坦率地讨论它们，并相互挑战，这样有助于确保每个人都能参与到会议中。
◆ 要确保会议有结构和流程，这样人们就会在会议的时间、结构和基本规则上达成一致。这些应该由团队自己制订，内容可能还要包括不打断别人、不人身攻击和不分心等方面。

◆ 注意大家都说了什么，是如何说的，或许更重要的是，注意大家都回避了什么。房间里的大象[1]可能是什么？

◆ 必要时进行干预，以保持事情能够持续推进。干预可能是让某人参与进来，让某人闭嘴，挑战一个假设，总结已经说过的话，或者注意到别人没有看到的模式。

◆ 确保会议要有实际进展，而不是被困在一个主题或者一直原地兜圈子。

◆ 要注意会议过程中隐藏在表面以下的东西，并引起人们的注意。要做一个敢于指出问题所在的人。

◆ 在会议的末尾要进行总结，并确保每个人都同意这一总结。

◆ 结束会议，检查达成了哪些协议和行动，并从每个参与的人那里获得对这些行动的承诺。简短地听取每个人的意见，以确保他们都理解了。

创造一种环境，让人们可以自由地提出想法

对促进者有用的工具和方法

作为一个促进者，需要关注一系列有效的助推工具。在这一章我们暂且不深入探讨，但我们会先给出我们认为是最有用的方法概述：

1　"房间里的大象"（也可以说是卧室里的大象、墙角的大象、餐桌上的大象、厨房里的大象等）是一个英国的谚语，用来形容一个明明存在的问题，却被人们刻意回避及无视。它的字面意思是一头庞大的大象在狭小的房间里面。这是非常明显的事实，因此，它也暗含了这个问题应该被拿出来公开讨论的意思。——译者注

◆ 范围模型。

◆ 干预模式。

◆ 神经语言程序设计（NLP）。

◆ 倡导和询问。

范围模型

我们在第5章中提到的这种方法不是基于批评或判断他人的立场，而是专注于积极的一面，然后在此基础上发展。所以，例如，马可与团队分享了一个想法，而其他人并不认为这是一个好主意，那么，他们并不是简单地打消这一想法，虽然人们往往会这么做。他们实际上是这样做的，把注意力放在他们同意的事情上，或者采纳有用的、有价值的地方。所以他们会这样说："马可，我们喜欢你的想法是因为它注重与整个团队的沟通。"显然他们不是完全同意这一想法，但他们并没有直接说"我们同意，但是……"，然后批评他的想法。他们现在可以在他的想法的基础之上添加一些东西，比如："……我们还可以要求他们提供有关销售拜访次数的具体细节。"这会使得会议更有效率，更有创造力，有更多的选择和更多的参与。

干预模式

这是充当促进者时另一个有用的模型，改编自约翰·赫伦的原著。约翰·赫伦是作家、学者和助推方面的专家。在这个模型中（参见图6.1），促进者可以使用六种方式来干预任何流程。

图片上半部分的三种方式是我们所说的权威干预，也就是规定、告知和挑战，下面的三种是促进性干预：释放、发现和支持。

权威干预

◆ "规定"就是告诉别人该做什么，就像医生开药方一样。他们会确切地告诉你吃什么，怎么吃，什么时候吃。

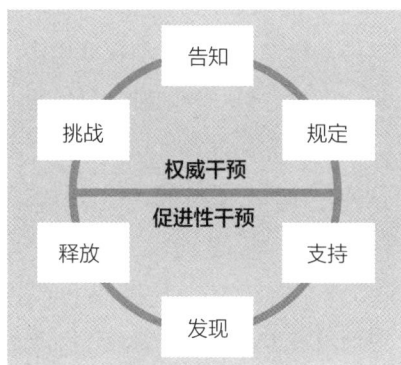

图6.1　干预风格（改编自约翰·赫伦）

◆ "告知"就是不带任何判断地向某人提供信息。例如，你可以在CIPD的网站（www.cipd.co.uk）上找到关于人力资源管理的信息。

◆ "挑战"就是当促进者希望能唤起某人对其忽略的某一问题或某一行为的注意。例如，你可能会说："你说你重视倾听，但你打断了苏珊娜两次。"

促进性干预

◆ "释放"是允许某人敞开心扉表达情感，而不是否认或压抑它们。这可以以问题的形式出现，比如"你感觉怎么样？"，或者只是让情绪表达出来。

◆ "发现"就是鼓励人们独立思考，而不是给他们答案。例如，提出开放性的问题，比如"你会怎么做？"。

◆ "支持"就是鼓励人们并肯定他们的品质，这样你就会认可并赞扬做得好的事情。

这里的想法是让促进者能够以一种熟练而适当的方式使用这些风格。我们经常犯这样的错误：过多使用权威风格，因此没有充分地使用促进型风格，反之亦然。另一种陷阱是只使用一种或两种样式，而不使用其他样式。有经验的促进者将知道何时以及如何使用这些风格。他们会知道，例如，什么时候挑战，什么时候支持，什么时候从一种风格转向另一种。

有经验的促进者将知道何时以及如何使用这些风格

神经语言程序设计（NLP）

了解语言是如何经常被滥用和扭曲的，这可能对促进者很有帮助。NLP有很多很好的例子来说明这是如何发生的，以及在这种情况下如何处理。一种常见的滥用情况是通用量词的误用，这些词是"总是""从不""全部"。下面是"总是"一词常见的误用例子。胡安妮塔说："安德鲁'总是'找我的碴！"事实上，安德鲁并不总是对胡安妮塔吹毛求疵，他可能和她吵过几次架，但"几次"和"总是"有很大的区别。这也意味着她忽略了很多安德鲁赞同她和支持她的地方。

你可以问胡安妮塔："他真的总是挑你的刺吗？会不会有一次谈

话中，安德鲁可能同意你的看法？"

有经验的促进者可以（应该）找出并挑战这些"总是""从不""全部"的滥用，这些滥用在交流、会议和处理冲突时极为常见。当人们将自己对某一类人的经验应用于该类别的所有人时，也会发生这种情况。我们经常听到这样的话："工程师在工作中不懂得情感。"挑战这种观点的方法是这样说："所有的工程师都没有情感吗？你是说世界上没有一个工程师能理解情感？"这句话很明显，"工程师不懂情感"这句话是荒谬和不真实的，但这样的归纳总是在发生，当你在促进对话、交谈和会议时，你需要干预并挑战这种类型的语言。

倡导和询问

在任何对话或会议中，都需要在倡导和询问之间取得平衡。倡导是指人们告诉你他们的想法，给出他们的观点，并支持特定的行动。询问是指人们提出问题，探究别人的想法，而不提出自己的想法。显然，任何会议，如果只有单纯的倡导而没有任何询问，那将是一场灾难。同样，如果在会议中没有人提出任何想法、建议或意见，每个人只是问问题，那将是一场闹剧。通常在整个会议上会有一个合理的平衡，但也有可能一个人只持一种观点，只拥护自己的立场，既不提出任何问题，也不为自己的观点给出任何理由。这是不平衡的，也是不熟练的，所以你作为一个促进者，需要注意到这一点，并进行干预，帮助这个人提出问题、有效倾听，或者鼓励他们分享他们的观点背后的想法，而不仅仅是他们的结论。

促进者干预策略

促进者必须巧妙地、冷静地进行干预，这意味着你必须完全控制你的情绪，保持平衡，并确保你的肢体语言和语调处于控制之中。一般来说，在你介入之前留有一些证据，会产生比较好的效果。例如，如果你认为某人在交流中使用了一个不恰当的词，你应该明确指出，并把这个词反馈给对方。

促进者必须巧妙地、冷静地进行干预

所以可能是这样的："哈罗德，你刚才和约翰争论的时候用了'白痴'这个词。"或者："史蒂夫，瑞秋在谈论需要建立适当的人力资源程序时，你打断了她。"

有时候你可以依靠直觉，根据别人的语气或面部表情给他们反馈。你可以这样说："丽贝卡，你谈论戴安娜时听起来很生气。"这需要很多技巧、精力和勇气，但目标是帮助小组或者团队更有效地合作，从而获得更好的结果。

促进者必须面对的问题之一是来自其他人的抵制和对抗。当你面临抵制和对抗时，这里有一些关于如何做的建议：

◆ 接受现实。
◆ 不抗拒。
◆ 倾听。
◆ 问一些开放式的问题，探究他人的观点，但不要宣扬自己的立场。
◆ 不要评判或批评他们的观点，这只会导致大家的抵触情绪。
◆ 试着从不同的角度看待他们的观点，寻找任何积极的东西。

◆ 寻找任何一致的观点。（参见范围模型）

◆ 找到大家抵制或对抗的目的，换句话说，是什么激发了它？它可能与事实无关，而与情绪有关。

我们相信每个人事经理都能够成为一个有效的促进者。在整个职业生涯中，你需要使用这些技能来管理会议和项目小组，在个人和人际层面你也会用到。它能够有效地促使人们建立联系，帮助人们为自己和团队取得最好的结果。

成功小技巧

◆ 关注现在正在发生的事情，不要沉湎于过去或过多地考虑未来。

◆ 把你的注意力集中在每一位演讲者身上。

◆ 注意并观察人们的反应、情绪、非语言交流和肢体语言。

◆ 要有勇气介入，并在必要时进行干预。

◆ 知道何时介入，何时退出。

◆ 仔细听别人在说什么，以及人们表达的方式。

◆ 尊重他人的观点和视角。

◆ 与团队成员建立同理心和融洽的关系。

◆ 培养一种信任感，得到团队的信任。

◆ 对会议进行总体上的把握。

◆ 在会议期间建立和串联人们的想法。

◆ 在任何冲突发展到一定程度之前介入，但不要完全阻止它。

（了解更多关于冲突的内容，参见第10章。）

7

团队建设力：什么造就一支优秀的团队

天才可以赢得比赛，但团队合作与智慧才能赢得冠军。

——迈克尔·乔丹

简介

在我们的公司和组织中，为了把事情做好，我们必须在团队中工作。大多数事情实际上是在团队中完成的。我们在阿什里奇商学院进行的研究显示，69%的管理者与5个或5个以上的团队合作，88%的管理者至少要对一个团队的业绩负责。

卡伦·沃德、玛丽·肯尼迪和麦克·布伦特确定了团队复杂性的五个因素：

◆ 需要解决多方面模棱两可的困境。

◆ 需要采取多学科的办法来处理这些问题。

◆ 需要多样化的观点。

◆ 跨组织界限工作的需要。

◆ 需要在不同地理和时区的分散模式下工作，换句话说，就是所谓的"虚拟"团队合作。

这项研究还发现，在团队中工作并发挥最佳水平并不是一件容易的事，研究发现：

◆ 复杂团队的失败率高达50%。

◆ 只有12%的人认为他们的组织拥有评估团队绩效的有效技术。

◆ 98%的人希望在任务和过程之间取得平衡，但他们的组织希望不惜任何代价完成任务。

企业最终的竞争优势既不是来自财务、发展战略，也不是来自技术，
而是来自团队合作

帕特里克·兰西奥尼在他的著作《团队的五种机能障碍》一书中指出，企业最终的竞争优势既不是来自财务、发展战略，也不是来自技术，而是来自团队合作，因为这种优势如此强大，却又如此罕见。我们的经验证明，真正的团队合作其实很少见。在这一章中，我们将给你一些建议，以帮助你在团队中更有效地工作。我们将讨论团队的内容、原因和时间，以及一系列的团队流程和团队动态，但在此之前，让我们先来看是什么造就了一支优秀的团队。你可以对照着下面这几项内容，反思你所领导的团队或你所属的团队，评估这些特性是否适用：

◆ 明确的激励目标。

◆ 强烈的责任感。

◆ 独立工作的能力。

◆ 拥有能力强和技能互补的团队成员。

◆ 有效的基本规则和行为标准。

◆ 良好的人际沟通能力和人际关系。

◆ 恰当的领导风格，这取决于团队的类型。

◆ 对每个团队成员的内部支持和认可。

◆ 对团队的外部支持和对其工作的认可。

团队建设的内容、原因和时间

我们为什么需要团队？我们知道，世界是一个复杂的地方。美国军方创造了"VUCA[1]世界"一词，意为不稳定、不确定、复杂和模棱两可。在这个VUCA世界里，一个人很难独自处理所面临的复杂情况。因此，我们需要许多人朝着相同的目标共同努力，但在如何实现目标的问题上持不同意见。

什么是团队？通常对团队的定义是"一小群具有互补技能和共同目标的人"。"小"是因为人太多则无效。虽然沃顿商学院的教授珍妮弗·米勒得出结论，6个人是最理想的，但是一个有效的团队被接受的范围通常在5到12人之间。尽管人数很重要，与之相比，团队中人员的素质和领导力类型却更重要。团队需要互补的技能，因为你需要拥有不同技能和偏好的人，以此来获得最大程度的多样性和实现共同目标。因为团队要想实现任何成就，都需要探讨并达成一致意见。事实上，令人惊讶的是，有太多所谓的团队并没有讨论互补的问题，也没有讨论共同的目的。

1　VUCA是Volatility（易变性）、Uncertainty（不确定性）、Complexity（复杂性）、Ambiguity（模糊性）的首字母缩写。——编者注

研究人员乔恩·卡岑巴赫、道格拉斯·史密斯对工作组和团队进行了有益的区分。它们是不一样的，有不同的目标和目的，需要不同的技能，也会产生不同的结果。例如，工作组可以共享信息、观点和见解。他们把注意力放在个人目标和责任上，而不是为他们自己以外的结果负责，而团队也关注彼此的责任和义务。在工作组和团队之间还有许多其他的不同之处。例如，团队也有特定的团队目标，以及更普遍的组织任务。一个团队可能有一个特定的领导者，而一个真正意义上的团队能够共享领导角色。

最重要的是要记住，你召集了一群人组成了一个"团队"，并不意味着他们就能神奇地成为一个团队。在你开发出特定的团队属性之前，它将是一个工作组。也就是说，高效的工作组比低效的团队更有效率。但在最佳状态下，真正的团队会比工作组表现得更好。

在最佳状态下，真正的团队会比工作组表现得更好

正如我们所提到的，我们所生活的世界是一个极其复杂的世界，是一个VUCA世界，所以一个人（无论他多么聪明，地位多么高）现在要想解决我们组织所面临的所有问题和困境变得越来越困难了。然而，我们有时仍然会面临不那么复杂的问题，这些问题是众所周知的，没有不确定性。这些问题可以被描述为"谜题"，它们可以由个人来解决，所以当遇到谜题时，我们通常可以独自行动和决定。当我们面对一个更复杂、更具有不确定性的问题时，我们可以将其描述为一个有解决方案的问题，或者描述为一个没有任何单一解决方案的困境。当面对一个问题时，我们需要在团队中工作，以利用多样性，获得不同的意见和挑战，并看看我们如何能够利用团队的智慧来找到可能的最佳解决方案。当面临更大的不确定性时——进退两难的境地——我们仍然需要一个团队，但是现在我们需要一个高效的、复杂的团队来帮助我们找出不同的选择和行动的可能性。因此，在这个层次上，我们必须预料到分歧、挑战和事实真相，这需要一个高效的团队（见图7.1）。

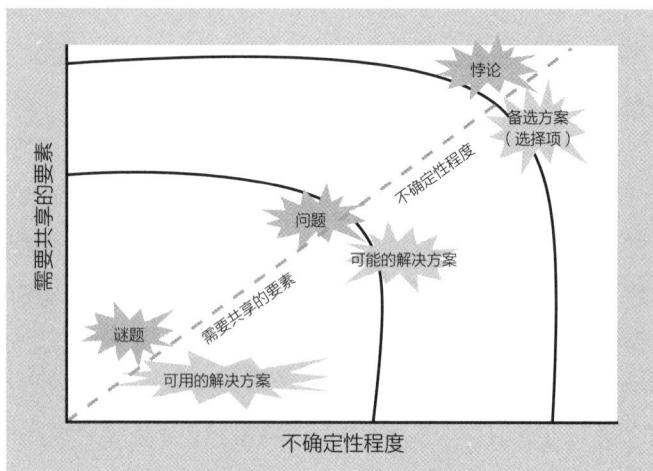

图7.1　团队面临的挑战

资料来源：克里奇利，B.和凯西，D.（1984）。《关于团队建设的第二个想法》，刊自《管理教育与发展》第15卷。

团队流程和动态

为了让团队尽可能高效运转，团队领导者不仅需要关注任务，还需要关注支持团队工作方式的流程以及团队成员之间的动态关系。这些都是基本领域，但往往被忽视。这些领域包括：

让人们参与到团队中来

团队领导在帮助团队提高效率方面有一个明确的角色。美国就业研究所的研究人员罗宾逊和海登对如何成为一名有魅力的经理这一课题进行研究。他们试图找出什么样的管理行为能有效地调动团队成员，使他们能够高效参与其中，并更好地表现自己。总的来说，这项研究表明，当团队表现良好时，表扬和积极的反馈，加上来自团队的鼓励想法和建议，可以提高团队的绩效。

让领导者更富有魅力的行为包括：

◆ 与员工有效沟通，明确员工的期望。

◆ 倾听、重视员工意见，并能融入员工当中。

◆ 支持员工。

◆ 目标集中。

◆ 能够表现出同理心。

有趣的是，这5种技能中有4种是人际关系技能。此项研究还涉及人们哪些管理行为导致了员工的离职。

答案是：

◆ 缺乏同理心和对员工的关切。

◆ 不善于倾听员工的心声及与员工有效地交流。

◆ 以自我为中心。

◆ 没有鼓励或激励措施。

◆ 总是咄咄逼人。

因此，正如我们所看到的，融入团队中是很重要的，因为有效的融入会激发员工更好地表现。

这也引出了我们现在要探讨的话题：如何管理或领导团队。

团队领导者还是团队管理者？

对这个问题的快速回答是，一个团队既需要管理，也需要领导。管理是因为某些事情需要在特定时间、特定地点发生在某些人身上。过程需要到位，细节需要关注，延迟需要尊重，等等。但是，一个只有管理而没有领导的团队，是无法解决我们现在面临的复杂困境的。他们只能做更多相同的事情——管理现有的问题，而不是创造创新选项来帮助解决这些复杂的困境。简而言之，如果团队是被管理的，而不是被领导的，你可能会看到一些关于计划、组织和管理制度之类的证明。领导者需要解决诸如确保团队有动力、精力和灵感等问题，他需要看到成员们如何有效地一起工作，这样团队就不仅仅是各个部分的总和了。

另一个需要指出的关键点是，领导者应该把让团队能够自我领导作为首要目标。也就是说，每个团队成员最终都应该能够在团队中承担领导责任。2013年3月16日，英国橄榄球运动员汤姆·克罗夫特在接受《卫报》采访时表示："一年前，教练们指导着球员应对一切。现在你参加领导会议，会发现完全是由球员驱动的。" 这就是你需要你的团队达到的目标，而作为团队领导者，你的责任就是把团队中的人培养到他们也能开始领导的水平。

领导者应该把让团队能够自我领导作为首要目标

有效地在一起工作

下面是一些我们认为很有必要的合作技巧：

◆ 倾听彼此，我们的意思是正确地倾听。

◆ 互相尊重。

◆ 询问他人的意见，一个有效的团队需要在得出结论之前扩展自己的思维。

◆ 先有分歧，再汇聚成一个团队。换句话说，要允许挑战。

◆ 不要苛责，而是要博采众长，建立在彼此的想法之上。

◆ 要勇于承担责任，不要总是责怪他人。

◆ 对其他团队成员要态度积极诚恳。

◆ 要有明确的规则和流程。

团队发展的各个阶段

也许团队开发阶段最著名的模型之一是布鲁斯·塔克曼的模型，这是他在与美国海军合作时开发的。如图7.2所示，该模型遵循了形成期、波动期、规范期和执行期几个阶段（后来他又添加了解散期）。

形成期　波动期　规范期　执行期　解散期

图7.2　塔克曼的团队发展阶段

来源：塔克曼，1965

让我们来看看每一个发展阶段。

◆ 形成期

这是团队最初形成的时候，正如你所预料的那样，它的特点是在如何处理任务和人的问题上犹豫不决。人们会寻找明确的方向，而且可能会匆忙地专注于任务，而没有正确地考虑过程——他们希望如何一起工作。在这个阶段，角色和职责并不明确而领导者的角色是消除疑虑，探索人们的动机和偏好，并帮助团队成员相互了解，就团队的共同目标展开对话是很重要的。

◆ 波动期

这一阶段的特点是冲突和争夺地位。权力变成了一个问题，谁拥有权力，谁没有权力。可能会形成小集团，导致一些人被纳入了这个小团体中，而另一些人不在其中。大家普遍会情绪高涨。

在这里，团队领导的工作就是利用任何冲突，这意味着以建设性的方式利用任何冲突。这里存在一种危险，即冲突可能会被完全避免，从而导致意见的闭塞。团队领导需要确保任何意见的分歧都不是针对个人的，并促进任何冲突，使之成为积极的。经常提醒团队成员他们的共同目标是很重要的。显然，如果这个目的没有确立，事情就会变得非常困难。

权力变成了一个问题，谁拥有权力，谁没有权力

◆ 规范期

这里我们看到了一个更有凝聚力的群体。角色和责任得到了明确，目标也变得更加清晰，和谐也变得很重要。因此，在这个阶段，冲突和分歧可能是不被鼓励的。希望在这个阶段，我们开始看到关于团队流程的讨论，人们将如何协同工作并专注于任务，这里会经常发生组内授权的事。团队领导的任务之一是创建子工作组，以确保采取行之有效的工作方法。在这个阶段，一旦你发现了团队成员的喜好和技能，就可以委派任务。确保任何分歧都能浮出水面，确保团队不会陷入集体思维的陷阱。

◆ 执行期

在这个阶段，团队合作得很好，存在多样性，具有战略意识，并形成了一个共同的愿景。成员有更多的灵活性和自主权，并积极地互相帮助、互相支持。领导者会非常希望团队尽可能长时间地保持在这一阶段。可能陆续会有一些新成员加入，所以他们需要逐渐融入团队。成就应该得到认可和庆祝。提倡和鼓励多样性，并为这样做提供理由。牢记大局，不断提醒团队成员他们的目标。

◆ 解散期

团队解散是任何团队生命周期中很自然的一部分。它可以是整个团队的结束，也可能仅仅是一些成员离开团队。在这个阶段，领导者的角色是专注于两件事：学习和欣赏。任何离开团队的人都应该得到适当的感谢和认可，感谢他们的贡献，这一点非常重要，但经常被忽视。回顾一下团队对组织的贡献，团队成员学到了什么，以及如何将学到的知识反馈给组织，这是很有必要的。这是为了让未来的团队能够从中受益，而无须重复劳动。然后团队全体成员应该一起庆祝一番。这将帮助他们继续前进，因为随着队伍的解散，很可能会造成个人失落感，这也意味着团队成员将带着积极的精力投入新的团队中。

这个模型很有用，因为它提高了团队要经历不同阶段的意识。这意味着你可以关注团队所处的阶段，然后尝试进行干预，使其继续前进。团队通常会经历一段谨慎期，然后产生冲突，再制订规则和行为方式，最后取得成果，意识到这一点也会有所帮助。但是如果仅仅认为这是一个简单的线性过程，就会很有危险。作为一个团队的领导者或成员，你是否曾经在一个团队中巧妙地、天衣无缝地渡过了这些阶段？当然不是！实际上，情况远比这复杂得多。因此，将该模型视为一个动态过程可能会更有帮助，它将团队的形成，经历的波动期、规范期、执行期和解散期看作一个循环的、持续的过程（参见图7.3）。当然，当有新成员加入时，它必须经历一个改革的过程。

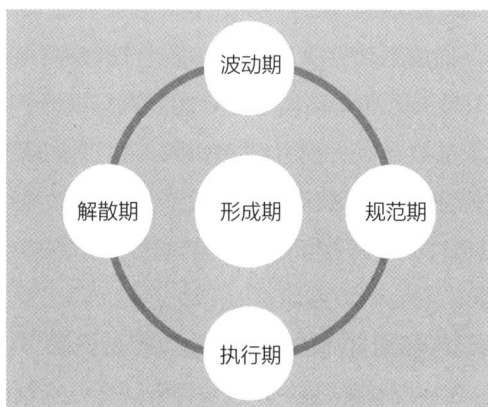

图7.3　团队发展阶段

资料来源：改编自塔克曼的模型，1965

互补的团队

有效的团队需要相互补充，也就是说，他们需要拥有具有不同偏好、方法和思维的人。否则，团队最终将以同样的方式思考，从而无法创建多样化和创新的选项。我们曾与互补的团队合作，也曾与那些拥有相似偏好和观点的人合作。在我们看来，一个由具有相同工作方式和相似观点的人组成的团队工作效率将会非常有限，甚至可能不值得被称为一个团队，他们更有可能只是一个群体。

互补团队的潜在劣势与时间和冲突有关

互补团队的潜在劣势与时间和冲突有关。如果出现了冲突，很多时间都花在了讨论上，这在分歧出现时是不可避免的。如果冲突得不到很好的处理，就会浪费时间，导致精力和焦点的损失。

也许最著名的关于互补团队的研究是由梅雷迪思·贝尔宾进行的，后来是查尔斯·马格里森和迪克·麦卡恩。研究表明，为了使工作更有效，团队成员必须进行特定类型的工作，并且在此基础上，团队成员对他们进行的工作类型有特定的偏好。如果团队成员的偏好涵盖了需要执行的工作范围，那么你可以说这是一个互补的团队。研究人员创建了不同的模型和问卷，使团队能够检查和反思其互补性，或者是否缺少互补性。我们对这些问卷进行了广泛的研究，发现它们非常有用，不仅可以帮助团队检验互补的概念，同时也是团队动力的催化剂，即团队应该如何合作。

马格里森和麦卡恩的研究发现，团队需要解决的不同类型的工作如下：

- ◆ 建议：收集和报告信息。
- ◆ 创新：用想法去创造和实践。
- ◆ 促进：探索并提供机会。
- ◆ 开发：评估和测试新方法的适用性。
- ◆ 组织：建立和实施使事情运转的方法。
- ◆ 生产：总结和交付成果。
- ◆ 检查：控制和审计系统的运行。

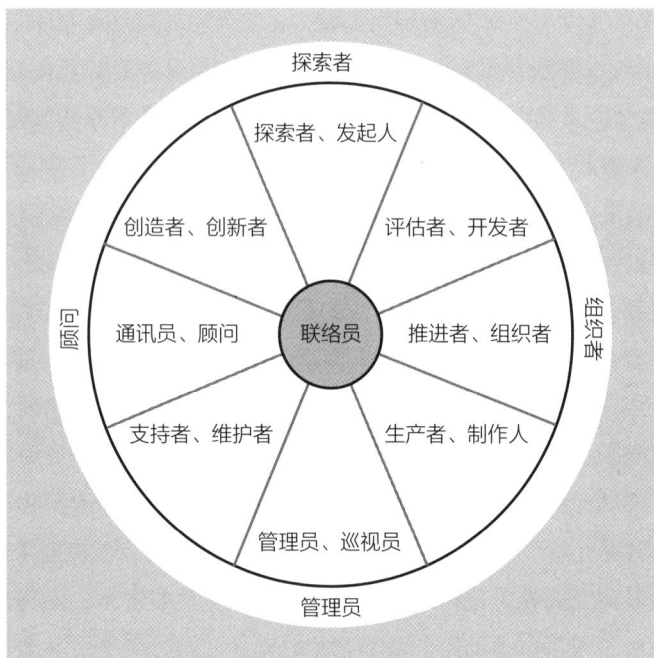

图7.4 团队管理环

来源：经中质国际发展有限公司许可转载，2013年，www.tmsdi.com

◆ 维护：支持、保护标准和流程。

◆ 联络：协调和整合他人的工作。

8个团队管理角色

每个角色都为团队带来不同的技能和视角。

◆ 通讯员、顾问：支持、宽容和帮助他人的人。信息的收集者，知识丰富，灵活，但不喜欢被催促。

◆ 创造者、创新者：有创造力、想象力和积极面向未来的人。这种人喜欢复杂的事物，经常喜欢研究工作。

◆ 探索者、发起人：能够推销和说服他人的人，喜欢多样化的、令人兴奋的、有刺激性的工作。他们有影响力、外向，但可能很容易感到无聊。

◆ 评估者、开发者：客观且善于分析的人。喜欢原型或项目工作的实验者和想法的开发者。

◆ 推进者、组织者：喜欢组织和执行任务的人，喜欢建立系统的人。快速决策，注重结果。

◆ 生产者、制作人：务实的人，重视效果和效率。通常以生产为导向，喜欢时间表和做计划。以生产商品和提供服务为荣。

◆ 管理员、巡视员：控制能力强，注重细节的人。标准和程序的检查员，通常不需要与人接触。

◆ 支持者、维护者：保守、忠诚和能给予帮助的人。个人价值观对他们很重要，他们往往有强烈的是非观念。

理想情况下，全体团队成员会对所有领域都感兴趣，或者至少，团队成员有足够的灵活性，对某些领域有一定程度的偏好。如果团队是一个互补的团队，那么可能会有一些问题需要解决，比如潜在的冲突和不同的观点。这就是团队领导者必须展示他们的连接和引导技巧的地方。（参见第6章）。

如果团队不是一个互补的团队，团队领导者可以承担缺失偏好区域的角色，让一个团队成员从这个角色的角度出发，或者邀请其他有这些偏好的人永久或临时加入团队。

有关这些工具的更多信息可以从贝尔宾合伙人（贝尔宾团队角色）以及中质国际发展有限公司（麦肯团队管理简介）中找到。

为什么团队会出错

我们与欧洲和世界各地的数百个团队合作过，我们发现，尽管许多团队非常高效，但也有许多团队似乎犯了错误。造成这一现象的原因有很多，通常可以分为三类：坏习惯、没有出现问题，以及没有充分认识到团队领导力与其说是一个谜题，不如说是一个两难困境的事实。

坏习惯

坏习惯包括：

◆ 过于个人主义。
◆ 冲突管理技巧不足。
◆ 懒惰。
◆ 有太多的内在焦点。
◆ 无视别人的想法。
◆ 对外界人士和新成员持封闭态度（像小团体一样行事）。

为了避免上述情况，我们推出一些好习惯的建议：

◆ 在团队中互相支持。
◆ 以对方的想法为基础，而不是批评或否定他们。
◆ 专注目标，而不是得分。
◆ 关注结果，而不是个性。
◆ 接受新成员和新想法。

很显然，这并不是一个详尽的清单，请随意添加你自己的好习惯。

没有出现问题

团队需要了解的许多过程都隐藏在表面之下。它就像一座冰山，90%的冰都在表面以下的。这些问题包括：

◆ 我们应该如何合作？
◆ 我们有多信任彼此？
◆ 我们如何挑战彼此？
◆ 我们对彼此真正的感觉如何？

但是为了让一个团队真正有效，这些问题必须浮出水面，所以团队领导者必须关注：

◆ 提出问题，讨论那些在房间里制造障碍（大象）的"不可讨论的话题"。
◆ 利用冲突，不要太快地压制它，而是充分利用思想的动态交流。
◆ 产生想法，而不是阻塞。
◆ 时常反思，学以致用。
◆ 把大家的想法建立连接，而不是简单地批评他们。
◆ 公开解决所有团队面临的困境。

最后一项是团队领导者的一个重要方面，因此我们将在下面探讨其中的一些困境。

团队需要了解的许多过程都隐藏在表面之下

团队和团队领导所面临的困境

我们在阿什里奇商学院的同事乔治·宾尼、格哈德·威尔克和科林·威廉姆斯对一些团队领导者进行了为期4年的研究，发现他们有时会面临一些有趣的两难境地，或者用他们的话说，是待选择区域。例如，领导者必须在向上管理和团队管理的时间分配上做权衡。显然，这两者都是必要的，或许作为团队领导者的你会偏爱其中一种选择，并具备其中的能力。所以，如果你乐于为团队效劳，那么如何针对老板的期望对团队做出有效管理呢？有趣的是，领导们认为这是一个非此即彼的选择，但实际上，同事之间会称之为"机会区域"，领导者可以在这些区域中移动并适应当前的需求，而不是被困在机会区域的一端。

作为一个团队领导者，你可能会面临的其他选择包括：

◆ 理解：在询问中了解。这是关于团队领导者在行动之前关于想与做之间的平衡，即知道做什么，采取什么行动，以及在采取行动之前发现更多信息，提出开放性问题，并确保他们从团队成员那里得到更多想法和感受。

◆ 方向：承认局限性，同时畅想一个更好的未来，这关乎现实主义和实用主义，而不是愿景和想象。一方面，领导者需要承认现实和约束，但另一方面，他们需要能够给团队一些希望和愿景。

◆ 时机：在加速进程的同时等待和观察，这是关于何时做决定的问题。领导者是在有限的认知基础上迅速做出决定，还是等到事情更清楚的时候再做决定，但为时已晚？

◆ 关系：保持距离的同时接近对方，这是关于领导者如何与他们的团队建立联系。他们之间的联系有多紧密？他们是否与团队建立了亲密的个人关系从而发展良好的工作关系？还是说，他们会站在后面，保持客观，但有一定的距离和视角？太近就会有危险，但太远也会有不同的危险。什么是正确的亲密度？

◆ 忠诚：服务组织的同时也要把个人需求放在首位。这是关于你把谁放在第一位的问题，是你自己的需求还是组织的需求。总是把自己的需求放在首位，你可能会被视为自私。总是把组织的需求放在首位，你可能会毁掉自己的健康和人际关系。这些需求之间的界限在哪里？如果你没有考虑到一些界限，你将很难知道何时以及如何平衡这些冲突的需求。

◆ 权威：在保持控制的同时也要学会放手。这是关于你赋予你的员工多少权力，以及你保持多少控制力和权力的问题。放弃你所有的控制权，你可能会被视为一个无效的领导者，如果任何控制权都不舍得放弃，你就会被认为是一个事无巨细、不信任下属的控制狂。

◆ 自信：坚强的同时也要表现出脆弱的一面。这是坚强和自信的必需品，团队时常会需要这一点，你需要证明你并非完美，并非无所不知。如果你太自信，人们就不敢尝试自己做事。如果你足够强大，可以袒露自身的弱点，人们可能会发现更容易与你接近，然后与你分享他们的疑虑和弱点。

关于自己管理的团队，你可能会问自己以下一些问题。作为一个团队领导者，你所面临的选择是什么？你的默认首选项是什么？哪一种方法对你来说最容易？这些偏好意味着什么？这些是如何阻碍你前进的呢？你怎样才能扩大你的选择范围，并试着把选择范围的两端都囊括其中？你如何进行实验并保持灵活？

记住，建立一个有效的团队需要时间和努力，这是一个持续的过程。这不是偶然发生的。我们采访的一位团队专家是英国不列颠狮子队前橄榄球运动员奈杰尔·梅尔维尔。奈杰尔拥有完美的团队资历，曾在最高水平的橄榄球队中打球并担任教练，他目前是美国橄榄球联合会的主席和首席执行官。奈杰尔告诉我们，商业和组织中的团队正变得越来越像体育界的团队。不断地分析绩效，检查可交付成果，并不断地对团队成员进行审查和评估。

建立一个有效的团队需要时间和努力，是一个持续的过程

随着业务速度的加快和环境的日益复杂，团队的责任也越来越大，这意味着你需要不断重塑自己和你的团队，这样你才能不断地发展。这也意味着，就像男女运动员一样，团队成员必须反思如何管理自己的精力、体能和健康。

成功小技巧

◆ 不断讨论并提醒成员团队的目标。

◆ 让团队建立一个清晰的列表，明确哪些行为是可以接受的，哪些行为是不可以接受的。

◆ 关注共同利益而不是自身利益。

◆ 不要猜忌！如果团队中存在猜忌因素，队员们就不会做到以诚相待。如果不能做到以诚相待，也不会得到真实的结果。

◆ 确保每个人都参与到团队中来，避免狭隘的小圈子，因为小圈子会把那些不在小圈子里的人排除在外。

◆ 利用冲突而不是避免冲突。确保你的团队知道如何提出不同意见，并积极地、有建设性地进行挑战。

◆ 同意合作的方式。在匆忙完成任务的过程中，这一点经常被忽视。

◆ 注意他们行为的细微差别，以及他们刻意回避探讨的事。要注意人们的非语言交流。

◆ 承认并尊重文化上的差异，并寻求利用这种多样性的方法。

◆ 不要认为一个小组就是一个团队。

◆ 不要低估无形资产、情感、情绪和感觉。

◆ 不要总是第一个发言或带头。让别人带头，用你的自信去支持他们。

◆ 不要轻易接受第一个想法。要具有创造性，寻找不同的选择和可能性。

8

动机：让别人发自内心地做事

领导力是一门艺术，让别人发自内心地去帮你完成你想做的事。

——德怀特·D.艾森豪威尔

几十年来，激励一直是一个重要的管理问题，也是众多知名人士研究的主题，比如：亚伯拉罕·马斯洛、弗雷德里克·赫茨伯格、道格拉斯·麦格雷戈、克雷顿·奥尔德弗和约翰·亨特等。他们的发现在今天仍然适用。然而，近年来，工作方式有了重大改变，包括：

◆ 更加注重工作与生活的平衡。

◆ 灵活的工作方式。

◆ 虚拟工作。

◆ 居家工作者。

◆ 以业绩论英雄。

在本章中，我们将从个人和组织的角度来考虑动机。首先，是什么激励你，让你参与其中。其次，你能做些什么来激发他人的工作积极性和参与度。

动机与个体

　　理解你自己的动机，头脑中一定要清楚是什么让你在工作中感到满足和投入，又是什么让你感到不满意，这是关键。首先，你可能需要检查表8.1，并指出那些你认为对你的动机起关键作用的领域和那些不那么重要的领域。

表8.1　动机因素

重要等级			
在工作中让我产生动力的因素			
	非常 重要	相当 重要	不是很 重要	完全不 重要
高底薪			
绩效工资/激励方案			
明确组织内部的职业发展规划			
具有挑战性的/有趣的工作			
工作保障			
组织内对成绩的正式认可			
有展示自己创造能力的机会			
有权力和自由去经营自己的事业			
有不断学习和发展自身技能与知识的机会			
在创新的环境中工作			
在一个善于激发员工潜力的经理人手下工作			

续表

重要等级			
在工作中让我产生动力的因素			
	非常重要	相当重要	不是很重要	完全不重要
允许个人决策对组织产生影响				
受到尊重				
做对社会有价值的工作				
为重视社会和环境问题的组织工作				
为一家领先的机构工作				
在愉快的环境中工作				
定期反馈工作表现				
和志同道合的人一起工作				
其他 请在下面添加自己的动机因素：				

资料来源：改编自2012年阿什里奇商学院管理指数

　　一旦你确定自己的动机因素，与你的老板和其他人分享这一点是很重要的，这样他们就会知道如何创造环境，使你在工作中能够发挥出最佳水平。

　　2012年，阿什里奇商学院管理指数确定了动机和敬业度的19个关键因素。除了列出表8.1中的所有项目，并请人们思考动机对他们的重要程度，我们还要求他们评估同一份清单，以了解他们的组织依靠什么来进行激励和参与活动。

表8.2在第二列中按重要性排列，列出了个人认为是其主要激励因素的7个因素。第三列表明了他们认为组织对这些激励因素的依赖度。

表8.2 激励因素与组织

对个人的重要性	激励因素	组织的依赖度
1	富有挑战性和趣味性的工作	2
2	不断学习和发展技能与知识的机会	5
3	高底薪	6
4	拥有"经营自己事业"的权力	15
5	清晰的职业发展规划	8
6	了解自己的决定会对公司产生影响	14
7	与业绩挂钩的薪酬和奖励计划	1

从这些结果可以看出，员工们似乎认为，他们所在的组织在员工的积极性和参与度方面明显偏离了轨道。个人似乎更多地受机会和对他们所做事情的兴趣的激励，而外部的奖励则不那么重要。然而，组织似乎依赖与绩效挂钩的薪酬和激励计划，将其作为激励和制订战略的主要因素。

个人似乎更多地受机会和对他们所做事情的兴趣的激励

这并不意味着个人对外部激励因素完全不感兴趣。这只是表明，组织管理中缺少了一个技巧，那就是现行的薪酬、奖励和其他激励措施没有内部驱动行为那么重要，比如因为做某件事能给他们带来快乐、培养一种技能或因为正确性而做一件事。

了解你的动机对于你在工作中的快乐和满足是至关重要的，它还将帮助你在选择工作、组织，以及职业探索中做出正确的决策。

案例研究

28岁的穆雷是一名IT专家。大学毕业后，他在一家小型咨询公司担任IT专家。这个职位给了他很多机会来发展他的IT业务技能，在家工作也给了他管理自己的时间和工作量的自由。

5年后，穆雷觉得他想尝试一些新的东西，所以他开始探索各种可能性。他很清楚自己的需求，他特别希望能在一个团队环境中工作，和其他同样有技能的人一起工作，在那里，他将接受挑战，并发展自己的IT技能。几个知名机构向他抛来了橄榄枝，这些机构的薪水都很高，服务条件也很好，但他拒绝了这些工作，因为它们不符合他的特定技能和当前的抱负。

最后，他加入了一家小型初创公司，因为"感觉不错，这是一个令人兴奋的机会，年轻的总经理富有灵感和远见"。这不是最赚钱的工作，但在他看来，这将是最具刺激性和发展性的工作。他的选择不在于奖励，而在于挑战、兴趣以及成长和发展的机会。

动机和其他人

　　一旦你了解了激励因素，你就可以考虑如何帮助组织内的其他人激励自己。由于大多数人更容易受内在的激励因素影响，所以作为管理者，愿意花时间去了解他人并了解他们的特殊需求是很重要的，这需要时间和精力。了解他人的过程，也就是与他人交流的过程，本身就是激励过程的一部分。真实的沟通是激励和参与的重要组成部分。与他人沟通，了解他们对一份工作的需求和愿望，这将表明你对他们感兴趣，你的后续行动也会支持这一点。

　　我们相信，在一个人的职业生涯中，有5个关键因素是激励成功的重要因素。图8.1显示了这5个因素是如何相互作用，并对你自己和其他人在组织内的动机产生影响的。

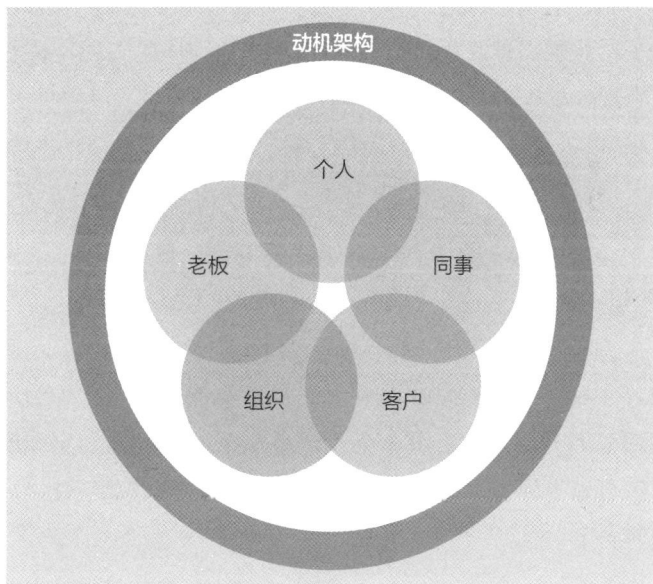

图8.1　激励成功的5个因素

组织

这里提供了结构和流程，包括奖励系统、绩效管理流程、培训和发展，以及有趣的工作。当然，仅拥有这些系统是不够的，组织文化将影响这些过程在实践中的应用，所以需要：

◆ 一个清晰的愿景。
◆ 有效的沟通过程。
◆ 适当的咨询实践。
◆ 质量决策。
◆ 一种相互尊重和信任的文化。

这些都是崇高的原则，组织中每个人都有责任追求这些原则。有高层的支持和承诺是有益的，但是我们每个人都可以坚持一套原则，这些原则可以激励我们自己，也可以激励他人。

我们每个人都可以坚持一套原则，这些原则可以激励我们自己

个人

你必须清楚自己的动机是什么，以及如何满足工作中的这些需求，并愿意与他人分享。我们每个人都必须对自己的约定和动机负责。组织可以为你提供机会，但能否利用这些机会很大程度上取决于个人如何利用它们。

老板

老板起着至关重要的作用。老板可以花时间和你在一起，了解你的需求和动力，从而让你感到被欣赏、被尊重和被重视。一旦他们知道了这一点，就会发挥关键作用，帮助你获得和利用机会，而这些机会将使你在一个积极和有吸引力的环境中工作。老板应该是你工作表现的主要反馈来源之一，鉴于反馈被视为有助于保持员工积极性的因素之一，这表明，作为老板，你应该提高自己这方面的技能。

同事

与志趣相投的同事一起工作会让人充满活力和动力。想要找到这样的同事，你需要与人分享自己的价值观、需求和愿望，这样当你与他人合作共事时，你们就会意识到如何让彼此发挥出最好的状态。

顾客（和客户）

从外部利益相关者那里获得反馈将有助于激励自身，了解外部利益相关者对你的期望并满足他们的需求是一种很好的激励和回报。作为一名领导者，当得到反馈时，要确保你能与相关人员进行沟通。事实上，你应该主动地寻找积极的外部反馈。

你应该主动地寻找积极的外部反馈

激励高绩效群体

我们感兴趣的问题是，一个经理是否能进一步激励一个已经具有高度内在动机的人。外部的人真的能在动机中发挥作用吗？还是动机必须完全个人化？这不禁让我们思考，在不同的领域，包括艺术、体育，以及商业领域，绩效是如何被激发的。所以，我们选择采访一位既懂商业又懂体育的高层人士。

格雷格·塞尔是一名管理顾问，也是成功的第四巷机构合伙人，该组织最初是由运动心理学家和顶级运动员创造的。他的独特之处在于，作为一名运动员，他在20年的时间里获得了三枚奥运会奖牌。根据格雷格的说法，经理（或教练）可以在激励中扮演重要的角色。虽然运动员已经有了巨大的内在动机，但考虑到运动员及其家庭的巨大需求，这种内在动机可能也会产生波动。管理者可以放大现有的动机，并将其长期保持下去。格雷格说："你需要很大的动机才能脱颖而出，但是你需要更多的动机才能继续前行。"

这同样适用于那些每天需要上班的人，我们怎样才能保持他们的动机？教练可以采取以下几种方法来做到这一点：

◆ 关注焦点中的焦点。运动员已经高度集中注意力了，但是教练可以指出运动员可以更加集中注意力的具体细节。例如，如果格雷格在划船练习架上锻炼，这是一个相当单调的过程，教练可以将这个过程分成几个子目标，并就时间、分数和数据给予他反馈，从而使这个过程更有趣、更有价值并且更实用。管理人员可以有效地考虑分解团队中一些不太有趣的任务，并就子目标达成一致，并将子目标的实现与如何造就更好的整体绩效联系起来。

◆ 解释每次训练的重要性。管理者也可以这样做，可以解释，在整体背景和目的下看似例行的任务的重要性。

◆ 分享真实的数据。动机不仅仅是软的东西，更重要的是要知道不同的表现之间的差异。所以，即使运动员觉得自己做得很好，教练也能指出无情的事实。同样，经理可以向员工指出他们表现的具体情况，并在发现问题时及时对他们进行指导。

◆ 表现出兴趣。格雷格认为，这是至关重要的。教练只要站在那里，表现出关注与重视，并向运动员传递出他们在关注的信息，就能极大地提高他们的动机。同样，有效的人事经理可以帮助激励员工，或者更重要的是，通过在现场关注他们的团队来防止士气低落。这也意味着需要认可员工的努力和出色的工作，并提供积极的反馈。

◆ 把运动员的努力与实现他们的梦想联系起来。换句话说，教练在支持运动员的梦想的同时，也在与运动员分享自己的梦想。管理者可以从中学到很多东西，要确保了解员工的真正梦想是什么，然后将员工的工作与梦想的实现联系起来，这比仅分享自己或组织的梦想或愿景更能激励人。

同样值得一提的是，那些会让人失去动力的情况。常见的会让团队成员士气低落的情况如下：

◆ 领导能力差，高级管理人员缺乏技能和能力。

◆ 决策能力差，或决策迟缓。

◆ 员工不被重视。

◆ 糟糕、很少甚至没有绩效反馈。

◆ 管得太细。

◆ 组织对不良表现的容忍。

◆ 存在总是愤愤不平、抱怨的人。

◆ 会议太多。

◆ 移动办公。

◆ 缺乏沟通。

◆ 没有发展机会或职业机遇。

思考一下是什么让你失去动机，并注意那些和你一起工作的人，了解他们消极的原因。

一个成功的激励者应该有一种鼓励员工成长、发展和勇于尝试的管理风格。他们会尊重员工，信任员工的工作能力。他们还培养了一种赞赏式的组织文化，促进政策和工作流程适时调整，对工作优秀的员工给予认可，并进行表彰。

成功小技巧

作为一个个体：

◆ 要清楚自己的动机所在。

◆ 积极寻找符合个人激励因素的工作。例如，如果你的动机是个人成长，那么就要确保这个组织和工作将使你有时间获得个人发展。

◆ 与你的老板和同事分享你的动机所在。

作为一个管理者：

◆ 要认识到，激励你的东西不一定能激励你的员工。

◆ 积极地找出能激励你的同事、团队成员和老板的因素。

◆ 将此纳入指导和业绩评估讨论中。

9

绩效管理：三大核心要素

对于业绩表现不佳的衡量要比绩效考评困难得多。

——哈罗德·S.杰宁，国际电话电报公司前首席执行官

绩效管理就是要让员工发挥出最大的潜能，它是将许多不同的因素组合在一起的过程，这些因素构成了有效管理人员的实践。它应该是任何组织的战略过程的一部分，应该是组织中每个人的责任。

大多数组织都有绩效管理结构和流程，这是其人力资源政策和程序的一部分。然而，部门经理在这个过程中扮演一个特殊的角色，因为他们的工作是管理他们的员工，并帮助员工发挥出自己最大的潜能，它是关于建立对组织和个人成功所必需的东西的共同理解。实际采用的流程因组织而异，但重要的是，无论采用哪种方法，只要使用得当，都将有助于你有效地管理员工。

为了使绩效管理过程取得成功，它必须与组织的战略、目标、文化和风格相联系并将其反映出来。与这些领域保持一致是至关重要的，以确保人们知道对他们的期望是什么，以及他们每天所做的事情如何有助于实现组织的总体目标和具体目的。此外，你还需要清楚地了解你所在组织所采用的绩效管理体系的驱动因素。它是否主要以奖

励为导向，强调目标的实现和绩效薪酬的发放？或者是发展驱动因素，重点是确保员工具备适合组织需要的能力、技能和过程？通常情况下，绩效管理过程涉及这两种驱动因素，但值得了解的是哪一种因素占主导地位，因为这将影响你如何管理自己和他人的绩效。

在最佳情况下，良好的组织绩效管理可有助于：

◆ 对组织的愿景、战略和目标有清晰的理解。
◆ 对承诺制和绩效制有共同的文化认识。
◆ 明确个人责任和成功的衡量标准。
◆ 在业务的各个领域之间进行良好的沟通。
◆ 拥有一支发展良好、积极进取的员工队伍。
◆ 创造一个组织提供职业发展过程和机会的环境。

实施良好的绩效管理过程和做法，并确保它们得到普遍采用，可能是具有挑战性的。因此，值得注意的是一些可能出现的问题。这些问题包括：

◆ 缺乏清晰的组织愿景和战略。
◆ 个人的目标和组织的目标之间没有明确的联系。
◆ 方法不一致。
◆ 奖励错误的行为。
◆ 缺乏管理者和个人对规范流程的承诺。
◆ 衡量标准模糊、毫无价值。
◆ 没有清晰明确的职业发展过程。

实施良好的绩效管理过程和做法，

并确保它们得到普遍采用，可能是具有挑战性的

作为一个领导者或管理者，你在这个过程中的角色是至关重要的。对你来说，第一个阶段是了解你所在组织的既定规则。作为领导力和管理工具，绩效管理可能是你需要掌握的最重要的组织程序之一，它能够使你：

◆ 与你的团队成员建立并管理良好的质量关系。
◆ 培养你的信誉和声誉。
◆ 与你的团队就组织的目标进行有效沟通。
◆ 建立一种注重承诺、参与感强和动力十足的文化氛围。
◆ 确保你的员工得到适当的奖励，有发展和晋升的机会。

一旦你了解了你所在组织的既定规则，你就有责任担任并专业地执行这些流程。为了更深入地理解你所采用的组织方法，你应该和人力资源部门的相关人员谈谈，他们应该能够帮助你掌握主要的原则以及将其运用在实践中。除此之外，与你的老板和同事讨论这些方法也会获益良多，因为他们是这个系统的使用者，他们会有深刻的切身体会。你还应该熟悉在此过程中接触的任何文书工作和数据收集工作。

许多绩效管理系统会让你定期参与这一过程的三个要素，如图9.1所示。

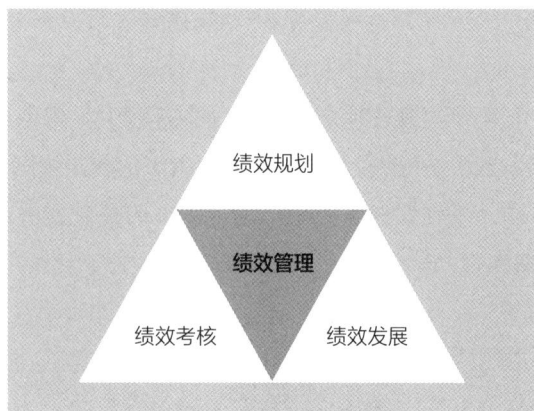

图9.1　绩效管理要素

基本上，你在绩效管理方面的角色和责任包括：

◆ 绩效规划，你与团队中的每个人一起确定他们的主要职责、特定目标、具体目标和成功的衡量标准。

◆ 绩效发展，你负责确保你的员工具备完成工作所必需的技能和能力，并了解他们的职业抱负。

◆ 绩效考核，绩效考核是一个持续的过程。它通常是通过经理人的评价以及员工们的业绩、行为、能力方面的报告来综合评估员工的绩效水平、目标实现的进度。

绩效管理过程要想取得成功，就必须符合目标，并定期进行审查，必须采取适合组织本身、工作内容以及员工情况的系统性、过程性的管理方式。对组织和管理者来说，口头上支持这些流程是很容易的，但如果你想被视为一名优秀的领导者，你就必须认真对待自己在这个领域的责任。这是你发展和建立信誉的其中一个关键领域——你对整个流程的理解，以及它如何与组织文化和战略相适应，以及你如何使用你的技能来管理流程并有效地与你的员工互动。从本质上说，这是一个持续的双向过程，双方都对彼此有共同的期望。

有一系列的工具和技巧可以帮助你在这个领域取得成功，我们将从3个主要方面来探讨这些问题，这些都是你作为一名职业经理人在管理员工绩效时会涉及的问题。

这是一个持续的双向过程，双方都对彼此有共同的期望

绩效规划

近年来，组织采用的绩效管理方法发生了变化。这些转变主要是因为组织的使命、战略和目标与个人的目标、关键绩效指标之间的关系趋于明确。通常，个人的目标和关键绩效指标将同组织整体的业务目标相关联。因此，作为一名绩效经理，你必须了解你的组织的使命、战略和目标，以及你自己和你的团队的目标如何有助于组织整体的业务绩效。当你在讨论个人的年度绩效目标时，这种认知将使你展开一场有意义的对话。这种将个人目标与组织整体业务目标相联系的做法，对于确保组织业务流程有效进行并取得最终的成功是至关重要的。

图9.2指出了你需要注意的组织目标的各个层次，你应该了解这些层次的细节，并能看到每个层次的联系，这一点很重要。

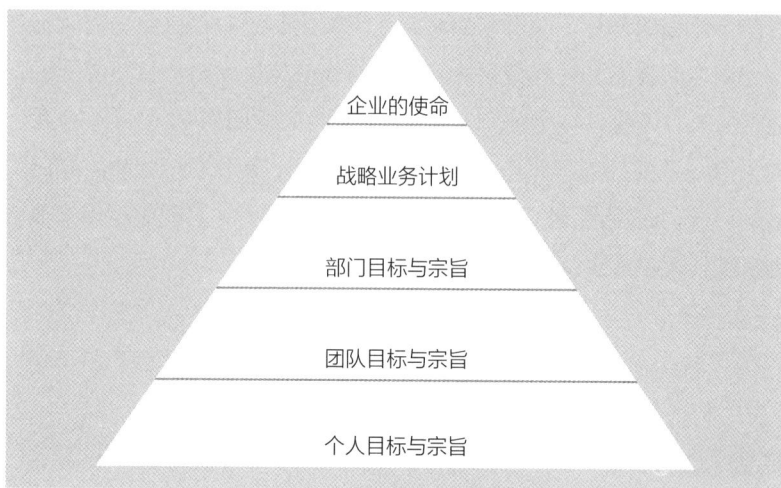

图9.2　组织目标的层次

一旦你理解了背景，就应该开始与你的团队成员进行讨论，以达成共识，并为下一个绩效阶段设定绩效目标，通常是一年。但考虑到当今商业生活的速度，这种情况正在发生变化，个人目标在这一年里不断调整以适应商业环境的变化。任何目标或者说宗旨的设定必须是：

◆　与企业的优先事项明确挂钩，并在全年定期进行审查和更新。在任何常规会议上，都将这些目标作为基本一以贯之地在汇报中提及，这将会大有裨益。

◆　以结果为导向，关注产出，而不是过程中的活跃。

◆　具体的、可衡量的，被认可的绩效指标意味着什么，或实际上看起来是什么样子的。

◆　既可实现又具有足够的挑战性来拓展和发展个人的目标。

◆　在角色范围内，并与个人的技能、经验和发展水平相匹配。

重要的是让人们知道如何用定性和定量的方法来评估他们的表现。测量是针对具体工作和工作背景的，虽然组织通常会有评估和表达个人表现的协议，例如，硬测量和软测量指标的区别。硬性指标通常是指期望的产出，比如"5%的经营利润率"，"7%的年营业额增幅"或"在一年内与6个新客户建立关系"。软指标更具挑战性，需要考虑如何描述所需的性能级别。例如，对于销售人员，你可能想要强调眼神交流、一个欢迎的微笑和一个商务形象的重要性。

组织通常会有评估和表达个人表现的协议

许多组织将这些与个人表现出来的行为联系起来，并通过组织内不同角色和不同级别的能力框架进行衡量。这些框架将识别有效工作所必需的能力，通常会有一系列的行为指标，帮助你评估个人在某一领域的表现。所以，举例来说，一个电话销售人员将通过处理的电话数量和完成的销售数量来衡量他的业绩，这两个都是很难衡量的指标，但也可以通过他们处理电话业务的态度和方式来衡量，这就是一种软性的衡量指标，更难评估。重要的是要让个人清楚哪些行为构成了优秀的、可接受的表现，哪些构成了不可接受的表现。

不过，这里有一个警告。人们常说"可度量的事情就可以完成"，这意味着如果某件事情没有被度量，那么它就会被忽略。因此，举例来说，如果你不去衡量一位经理在指导团队上所付出的时间，就可能会半途而废。这是针对绩效管理过程发出批评之声的主要原因之一，尤其是，如果它还与绩效工资挂钩的话。这也表明，任何绩效管理过程的成功在很大程度上掌握在参与其中的人手中。绩效规划意味着你必须关注硬性指标和软性指标，有形指标和无形指标，以及态度和行为，这些都是个人在工作中对组织的贡献和表现的一部分。

绩效规划意味着你必须关注硬性指标和软性指标

一种日益流行的技术是使用平衡计分卡方法，在这种方法中，组织和个人的绩效标准以相同的方式进行分类，不同之处在于每个部门、团队和个人的实际目标。一般来说，平衡计分卡看起来如表9.1所示。

表9.1 绩效平衡计分卡示例

组织使命/愿景			
年度商业战略			
部门目标			
个人目标			
销售目标	客户管理	团队关系	组织的贡献

其目的是说明个人的目标如何与团队和组织的总体目标相关联。这样，绩效经理和员工就可以根据个人的情况制订个性化的目标和指标，包括软性指标和硬性指标、有形指标和无形指标，同时也会探讨员工在工作中的态度和行为表现。

绩效发展

良好的绩效管理过程，会保证员工在一年之中能够持续不断地学习成长，并获得个人发展。应该鼓励人们对自己的发展负责。作为他们的经理，你的职责是在这方面支持他们，并确保你了解他们的需求和愿望，以及提供适当的发展机会。一种方法是制订一份个人发展计划，随时更新，并在绩效评估会议上分享和讨论。还有许多其他方法有助于个人发展。（其中一些方法会在其他章节中进行讨论，特别是第3章和第4章。）重要的是确保你有必要的技能和能力来履行你的工作职责，如果时机成熟，还要为个人晋升做好准备。

绩效发展不仅仅是参加培训课程。当然，这是一种自我发展的方法，但是还有其他方法，包括工作见习、外调进修、课题研究、在线学习、辅导、指导、阅读相关文献和交流。发展的重点是帮助你在当前的职位上更有效率，或者是通过拓宽和深化你的知识、技能和能力为你未来的可能性做好准备。

有些人非常清楚自己的发展需要，但大部分人并不清楚。帮助人们理解他们自身发展的必备条件，其中一种方法是将其与他们在工作中取得成功所需的能力联系起来。许多组织已经开发了能力框架，管理者可以使用这些框架来帮助他们的团队评估优势、劣势和发展需求。通常，这些框架与组织的级别或角色相关联，并利用一系列的能力，每一种能力都有行为描述符，可以用来评估绩效，例如表9.2所示。

表9.2　绩效评估中使用的行为描述符

能力	行为描述符	性能等级 1=差　5=优
影响	1.问开放式问题 2.寻找共同点 3.匹配非语言交流 4.发展人际关系 5.主题的可信度	

这创造了一种客观的方式来看待一个人在其角色中的整体能力。

另外，询问他人关于他们技能的反馈（通常被称为360°反馈），可以让你和他们自己更好地评估他们的个人发展需求。通过参与这样的过程，你可以很容易地确定哪些领域可以在此基础上进行构建并将现有的技能发挥出最大的优势，哪些领域需要开发。绩效管理过程的一部分是与你的经理讨论如何最好地发挥你的技能，以及组织和你的上司将如何对你提供帮助。

正如我们前面所说，这不仅仅是参加培训课程。阿什里奇商学院最近进行的研究（《阿什里奇管理指数2012》）表明，尽管培训课程仍然是最受欢迎的，但各机构正在使用各种不同的方法。表9.3指出了使用的方法。

表9.3 促进个人发展的方法

发展方法	使用这种方法进行个人发展的组织的百分比	在过去12个月内参加培训的人数百分比
由公司内部培训讲师开办的公司内部课程	62%	39%
由外部机构提供的公开报名课程	50%	30%
由外部供应商提供的定制课程	54%	28%
内部培训	48%	17%
外部培训	39%	16%
在线学习	54%	33%
移动学习	10%	4%
资格课程	48%	13%
企业大学	16%	5%

续表

发展方法	使用这种方法进行个人发展的组织的百分比	在过去12个月内参加培训的人数百分比
其他，包括：辅导、在线学习、在职培训、实践、外调进修、作业、工作见习	2%	2%

同样有趣的是，在同一个研究中：

◆ 57%的人认为他们的组织为他们的学习和发展分配了足够的时间。

◆ 73%的受访者表示，近年来，他们花了更多时间培训员工。

◆ 78%的人认为聘请教练对他们有好处。

◆ 38%的人认为该组织对他们的发展几乎没有什么支持。

◆ 60%的人认为科技改善了组织内的学习和发展机会。

◆ 58%的人认为他们的组织希望更多地利用技术来学习和发展。

◆ 在大多数情况下，80%以上的管理人员认为，无论采用哪种学习和发展方法，都是有效的。

这些数据表明，企业在为员工提供学习和发展机会方面做得越来越好。然而，仍有很大的改进空间。

个人发展作为绩效管理过程的一部分，其要点是确保所有员工都有机会发展自身的技能和能力，并使这一过程符合组织的学习和发展计划以及战略。

作为绩效管理过程的一部分，个人发展的主要目的是确保所有员工都有机会发展自己的技能和能力，并且这个过程会为组织的学习和发展计划以及战略提供支撑。

确保所有员工都有机会发展自身的技能和能力

绩效考核

这是你与你的老板以及你与你的直接下属的面对面会议。我们认为，这种形式应该贯穿全年，并且应该取消那种过时的一年一度的绩效考核模式。在当今快速变化和复杂的商业环境中，定期召开会议以保持紧跟形势是非常重要的，这些会议都可以被视为绩效管理过程的一部分，尽管有些会议的流程和结构要比其他的更正式。

我们建议采用如图9.3所示的流程（或类似于适合你的特定情况的方法），该流程应该全年持续进行。

为了从这些会议中取得最好的效果，你还必须做好准备，在讨论过程中要保持全神贯注，并在讨论结束后进行回顾与跟进。在准备方面，你应该在会议之前与对方确定议程。主要应该考虑到你自己和对方的需求。明确你有哪些空闲时间，还要确保有一个比较私人的会议场所。随着开放式办公室的流行，这一点尤为重要，如有需要可离开办公场所。最后，记下你想要讨论的问题，以确保每次会议都能取得最好的效果。

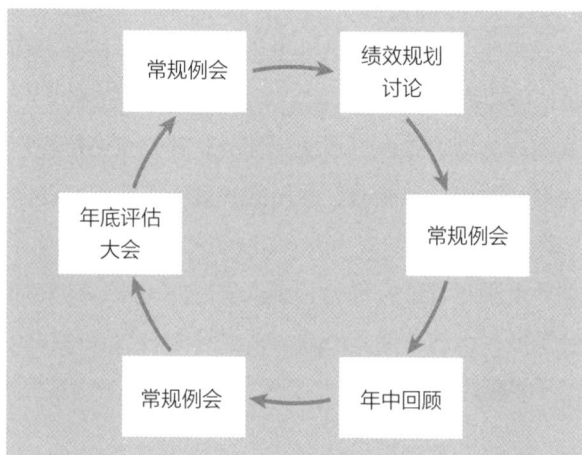

图9.3　绩效评估时间表的例子

　　你必须确保会议是一个双向的过程，在这个过程中，双方都可以提问、倾听、核实自己是否理解了对方的问题，并总结双方已经达成的共识。你还应该做好反馈的准备，并根据你的组织、部门或团队的当前情况和氛围回顾目标与任务。这些绩效讨论应该是循序渐进的，应该着眼于处理当下存在的问题，而不是静态地、盲目地关注那些由于现实状况的变化而不合时宜的最初目标。

　　一旦会议结束，双方需要回顾、总结并做好各项后续工作，例如，确认任何新的目标和任务，组织任何已经达成一致的培训或发展计划，或者简单地总结你的会议，以确保双方都清楚地了解会议内容，并商定下次会议的日期，这些对双方来说都是非常重要的事。

　　在绩效讨论中，经常被忽视的一个方面是个人的职业抱负。我们的研究表明，许多人觉得无论是他们的组织还是他们的经理都没有为他们的职业发展和抱负提供足够的支持或表现出足够的兴趣。虽然我们总是建议，你的职业生涯和发展在很大程度上是你自己的责任（见第2章），但我们也相信，一个好的领导者总是会投入更多时间去理解和支持团队成员的职业抱负。

　　通过采用这种持续的审查/讨论程序，你将：

　　◆ 与你的团队成员保持重要联系。

　　◆ 能够定期向员工提供反馈，从而确保在更正式的会议上不会出现意外。

　　◆ 关注他们在实现目标方面的进展。

　　◆ 能够对组织和个人问题做出反应，并抓住新的机会，处理随时出现的绩效问题。

　　◆ 将日常的挑战作为发展的机会，并提供持续的指导（参见第4章）。

◆ 展示你对员工表现、发展以及职业未来的承诺和兴趣。

在这个持续的过程中,最重要的因素是你要和你的老板以及你的直接下属建立一种良好的关系。正如我们已经明确的那样,在当今复杂、繁忙的世界中,成功的领导者必须投资他们的人际关系网络,以确保他们能够发挥自己的最佳能力。采用良好的绩效管理方法无疑将有助于你作为老板、经理和领导者取得全面成功。

成功小技巧

◆ 将绩效管理讨论与业务任务、战略和目标联系起来。

◆ 要清楚你对员工的期望是什么,通过商定具体的目标和任务,才能使公司取得成功。

◆ 与每个人坐下来谈谈,就他们对公司的贡献制订一个具体的计划。

◆ 为员工提供发展机会,以确保他们具备履行职责所必需的技能、知识和经验。

◆ 定期进行审查,以确保员工都处于正轨,了解他们在实现目标方面的表现,以及他们所做的事情对整个组织目标的贡献。

◆ 为团队成员的职业抱负提供支持和鼓励。

10

冲突管理：4种策略与7个步骤

当你与某人发生冲突时，有一个因素决定着你是否会破坏这段关系。这个因素就是态度。

——美国哲学家、心理学家威廉·詹姆斯

工作上的冲突和对峙不可避免地会发生，处理和掌控职场冲突是许多领导者、经理人和员工所面临的主要挑战之一，根据我们的经验，这也是管理者必须面对的棘手问题。当人们聚在一起工作时，就会产生不同的意见和观点，这就是我们所说的冲突的根源。

我们经常从我们培训项目的参与者那里听到有关冲突的事件，通常涉事其中的人被称为"问题人士"。但是，当有关事件的场景展开时，我们经常发现，作为第三方，简单听一听关于涉事人员和冲突场景的描述，我们就能很容易地看清双方。这让我们认识到，冲突不是由"问题人士"引起的，而是由我们所经历的困难或他人的不同行为引起的。这种行为可以是因个人引起的，也可以是由组织引起的。

我们相信，学习如何以一种建设性和有效的方式处理冲突会大有裨益，无论对个人还是对组织。在本章中，我们将探讨导致个人和组织产生冲突的原因，掌控冲突为什么如此重要以及应对冲突的典型策略，并为你提供一个解决冲突的方法，你可以使用（和调整）这一方法来处理你自己的困境。

学习如何以一种建设性和有效的方式处理冲突会大有裨益

冲突——定义和产生的原因

工作中的冲突可以定义为想法和利益出现分歧或异议。产生冲突的原因有很多，个人层面和组织层面的都有。

在个人层面：

◆ 人与人之间由于沟通不畅而产生的误解。这通常与一个人不能清楚地表达他的需求，或者与他糟糕的倾听技巧有关。

◆ 人们有不同的价值观，每个人都会从自己的角度看世界，例如，有着不同职业背景、性别、人生阶段或文化的人们。

◆ 不同的个人利益，其中每个人都专注于自己的特殊需求、目标和目的。

◆ 性格冲突导致人们根本无法相处。

◆ 个人问题导致反常行为。这种情况经常发生在个人生活压力大的情况下。

在组织层面：

◆ 糟糕的工作环境，管理措施不充分和不公平。

◆ 部门或集团之间的竞争。

◆ 不同群体或人们之间对资源的竞争。

◆ 组织财务方面的不稳定或困难的贸易环境。

◆ 重组、合并及合资企业的情况。

这些冲突可能对组织和个人都有害。从组织的角度来看，冲突可能意味着人们的注意力不集中，导致组织绩效受损。此外，管理层和员工之间的信任平衡也会受到不利影响，从而对员工的敬业度和积极性产生负面影响。在个人层面上，冲突会带来压力，进而影响绩效表现。这最终会影响到你的职业和声誉，而且如果别人觉得你处理冲突的方式很糟糕，他们可能会在与你打交道的时候变得谨慎。

对我们许多人来说，回避冲突是我们首选的策略，但回避冲突并不会让冲突停止或消失，它只是在短时间内将冲突推到一边，冲突将在未来的某个时刻再次出现。当冲突出现时，积极面对问题并处理冲突将确保你尽可能多地为一个积极的工作环境做出贡献，在这个环境中，差异被重视，并被有效地用于创造、创新和成长等方面。

回避冲突并不会让冲突停止或消失

对"问题人士"的典型描述

我们基于自身的经验以及人们向我们讲述的关于他们生活中遇到的"问题人士"的各种各样的故事，创造了这样一种类型。

◆ 官僚主义者：通常是不灵活的，按规则办事，无论何种情况都不会屈服或改变。
◆ 逻辑学家：那些总是理论化，坚持客观、理性和逻辑的人，不会考虑情感、感觉或情绪因素。
◆ 明哲保身者：那些把注意力从自己身上转移开的人，总是问问题，从不行动。

◆ 指手画脚者：每当出错时，这种人总是把责任推到他人身上或者程序本身。

◆ 取悦他人者：这种人是谁也不想得罪的和事佬，对什么事情都无异议。

◆ 悲观主义者：这种人对任何事情都提不起兴趣，总是不停地发牢骚并抱怨关于他们工作和组织的方方面面。

◆ "恶霸"：粗鲁、好斗、否定他人的人。永远不承认自己可能是错的，并倾向于压制别人的想法、观点和感受。

◆ 自恋狂：自私、自负、以自我为中心的人。不管你在讨论什么，他们总是把谈话引向他们自己的方向。

◆ 搬弄是非者：在你背后说你坏话的人。他们经常伪装成知道发生了什么事的人，但事实上，他们经常在不确定消息是否准确的情况下就肆意散播信息和谣言。

处理冲突的策略

从战略的角度来看，人们基本上倾向于采取4种策略：回避、使用职位权力、请第三方介入或者争取一个双方都能接受的结果。

回避

回避可能不是最好的方法，因为在大多数情况下，这个问题可能会在将来的某个时候再次出现。回避可以有不同的方式，例如：

◆ 情绪或感觉抑制者：为了与他人和谐相处而掩盖自己情绪的

人。通常是一个无论如何都希望被别人喜欢的讨好者。

　　◆ 提问者或话题转换者：这种人会通过问问题来转移话题，或者把话题转移到双方都感兴趣的话题上，从而避免面对眼前的冲突。

　　◆ 无限回避者：这是不惜一切代价避免冲突的人。

　　当被问及为什么要回避冲突时，人们通常会说，是恐惧阻止了他们：害怕伤害他人，害怕影响他们与他人的关系，害怕他们可能得到的回应。另一些人则表示，他们只是觉得处理冲突太耗费感情，根本不值得。他们会避免这种情况的发生，希望它会自行消失或解决。

　　在某些情况下，回避是有用的，例如，作为一种临时措施来争取时间或让情绪和脾气平静下来。如果你认为对方可能会以暴力或过激的方式做出反应，这种方法也是非常受用的。不过，一般来说，回避很少被用来作为解决问题的办法。更好的办法是参与到问题中来，并尝试解决问题，把事情处理成双方都能接受的结果。

更好的办法是参与到问题中来，并尝试解决问题

使用职位权力

　　当一方比另一方拥有更多权力时，冲突局势的动态就会发生改变，因此，了解冲突各方之间权力的相对分配情况是很重要的。社会心理学家约翰·弗伦奇和伯特伦·雷文发现，一个人的权力可以有不同的来源：

　　◆ 职位权力：你的角色所固有的权力。你是老板、董事会成员（或类似级别的人）或者你的角色赋予你超越他人的权力，例如，你负责健康和安全。

◆ 魅力的力量：你是人们喜欢的类型，人们不想让你失望。

◆ 专业的力量：你可以获得知识、信息和专业技能，这让你比其他人更具优势。

◆ 强制力：你的性格力量会让人们害怕被指责。

◆ 奖赏权：你有能力调动他人的积极性。

通常来说，对卷入冲突的各种人（包括你自己）的相对权力地位进行评估，总是非常值得的，即使评估的结果不会被使用。凡事预则立，在处理任何冲突时，简单地知道谁能利用与权力有关的东西是非常有用的信息。同样值得一提的是，如果存在一种相当平等的权力平衡，那么你们就很有可能在不使用权力策略的情况下共同解决问题。然而，如果权力不平衡，权力较小的人可能会面临挑战。

请第三方介入

第三方介入冲突局势特别有利于支持或帮助当事人了解和分析局势，然后帮助他们达到一个有效和令人满意的结果。第三方被称为协调人、调解人，或者在极其困难的冲突情况下，你甚至可能决定让仲裁员介入。

当涉及第三方时，他们必须是完全独立的。通常他们将提供便利、过程管理和讨论中介服务。第三方的作用不是解决问题，而是帮助各方在这个过程中调解，使他们能够达成双方都能接受的结果。这意味着第三方将做到以下内容中部分或全部的工作：

◆ 会议组织。

◆ 议程设定。

◆ 会议促进。

　　◇ 倾听双方的观点。

　　◇ 确保每个人都能听取对方的意见。

　　◇ 澄清，测试大家是否理解和总结。

　　◇ 鼓励争论者把注意力集中在问题上，而不是人格上。

　　◇ 把这个过程引导至双方都同意的结果上。

◆ 准备一份正式的书面诉讼报告。

◆ 正式总结结果。

在某些具有挑战性的冲突中，有一个正式的第三方角色，称为仲裁员。当仲裁员参与其中时，他们就扮演法官和陪审团的角色，他们的角色是倾听双方的观点，审查所有的文件，并就结果做出决定。

争取一个双方都能接受的结果

该策略是一种用于解决冲突的协作策略。双方共同努力，以达成双方都可接受、兼顾彼此需要和目标的结果。很明显，采用这种策略并不总是可行的，当双方都急于确保他们当前的工作关系得到维持时，通常会出现这种情况。一般来说，他们会互相尊重，权力平等，有共同的需求和目标，还有良好的信誉。当这一战略获得通过时，有关各方将共同努力，集中注意他们的共同需要和目标，并探讨各种选择办法，努力取得双方都可接受的结果。我们将在下一章中进一步讨论这个问题。

作为管理者或领导者，你可能要在两种不同的情况下处理冲突：第一，你自己面临直接冲突；第二，作为老板，你可能会卷入他人的冲突（通常是作为第三方）。你如何管理这个过程将很大程度上取决于你所遵循的策略。你可能会发现，回顾最近你与自己或作为第三方卷入的冲突是很有用的。为了解决问题，你采取了什么策略？事后来看，你会不会以不同的方式来处理这件事？

当处理冲突时，无论是你自己的冲突还是你作为第三方卷入，遵循一个过程或至少使用有助于解决冲突的方法都是非常有效果的。

解决冲突的过程

在我们的上一本书《领导者影响力指南》中，我们介绍了解决冲突的5个步骤。我们现在为你提供一个7步走的过程，这是对我们早期工作的一个改编（参见图10.1）。

每个阶段都涉及不同的技能、方法和技术。你可以以不同的方式使用这个过程，可以分阶段学习，从反思和准备开始，一步一步地回顾，或者你也可以对这些步骤，甚至是每个步骤里面的具体方面进行更改，以形成特定的个人冲突解决方案。

让我们看看这个过程的每个阶段都涉及什么。

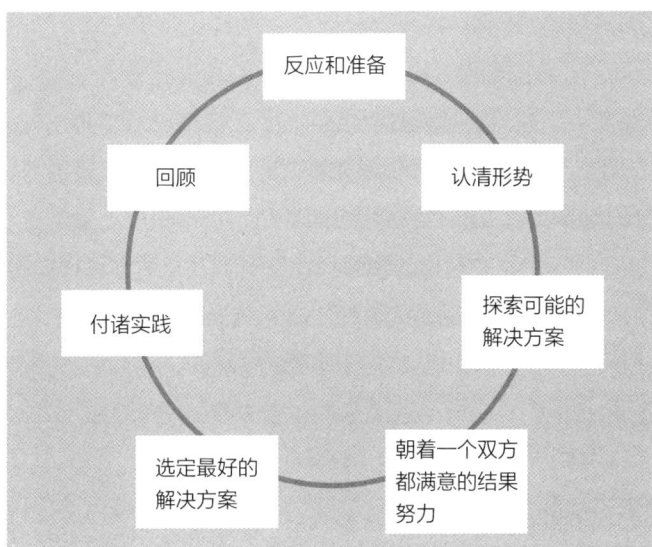

图10.1 解决冲突的7个步骤

反应和准备

对问题和涉及的人员要了解清楚。试着了解你自己的动机，并设想冲突、对抗是如何产生的。思考与你期望达到的结果相关联的因素，以及在达到这个结果的过程中你想要采取的步骤。思考你将如何主持一场实际的讨论，并意识到需要做出一个计划。重要的是要关注问题本身，而不是涉及的人，并且要意识到过度情绪化或咄咄逼人是解决问题的两大杀手。与其他各方达成一致，你们将在何时何地会面并开始解决冲突，最好是选择一个适合所有人的时间，在一个中立、私人的场所进行。

重要的是要关注问题本身，而不是涉及的人

认清形势

这涉及一个面对面的会议，其中至关重要的部分是提出开放和探索性的问题。我们发现人们倾向于卷入冲突中并做出假设，所以提问和测试假设是非常有帮助的。建立基本规则也很重要（做笔记、不打断对方、计时等），按照你的理解描述情况，并让对方也这样做。

这一阶段的一般规则是先倾听，然后提问以达到澄清的目的，再测试大家是否理解并做出总结。双方都应参与这一对话，并解释他们的观点，包括他们对向前推进的感觉和想法。

探索可能的解决方案

在这里，头脑风暴有助于探索所有可能的解决方案。在头脑风暴开始阶段你应该保留自己的判断，直到你有机会充分分析每一个选项和可能性。保留判断能力可以让你想出有创意的新点子，可能会导致你以前没有考虑过的创新解决方案的出现。无论在这一阶段发生什么，这个过程将帮助你重新评估你的情况，引入新的想法，并确保双方朝着妥协或都能接受的解决方案前进。

朝着一个双方都满意的结果努力

一旦你已经对未来的各种可能性和选择进行了头脑风暴，下一阶段涉及共同努力，详细探讨各种备选方案的细节，以达成双方都同意的结果。在这一阶段，你的沟通和影响能力会脱颖而出。分享你对各种想法的感受，详细地询问和探索他们在现实中是如何工作的，是成功的关键。这是整个过程中至关重要的一个阶段，有能力耐心地分析彼此对各种选择的想法、观点和感受，会表明你在倾听并且愿意在最初的立场上做出让步。表达清楚、简明扼要、表现出良好的倾听行为是非常重要的，这样才能感受到真正的相互尊重。你可以采用以下其中一种积极倾听的方法来帮助自己保持进展：

◆ 三分钟规则。每个人有最多三分钟不受干扰的时间来陈述他们对这个问题的看法和对未来的想法。轮流三分钟，在对方一边听一边做笔记的时候，用公事公办的、不带感情色彩的方式发言。然后你可能会发现你开始欣赏对方的观点，并真正看到你们的共同点。这反过来又会促进建构解决方案的进程。冲突是由误解和误读引起的，通常是由于沟通过程不佳造成的。通过采用这种结构化的倾听和对话的方法，你将被迫去倾听和反思对方的观点。

◆ 重述和反思。当你朝着一个双方都能接受的结果努力时，你可能仍然会从不同的角度出发。让对方知道你在积极地倾听，这是前进过程中的一个重要部分。通过重复对方说过的话，你向他们表明你在倾听，并接受他们的不同意见或观点。比如，你可以说："吉姆，我知道你对精简团队的决定很生气。" 这种方式表明你已经倾听并理解了对方，同时为问题的解决提供了一个机会。

选定最好的解决方案

如果前两个阶段得到了有效的执行，你应该更多地了解对方的观点和意见的分歧，以及确定可能的解决方案。这可能会涉及双方的妥协，在这个阶段，确保双方都清楚地了解细节是很重要的。不仅口头总结非常重要，把它记录下来也至关重要，并且要确定双方在阅读笔记时都同意相关的内容。所以，不要匆匆结束这一阶段，继续倾听，理清思路并总结，在没有达成共识的情况下过早地结束探讨，可能会重新引发冲突。确保在这个阶段你们都明白现在所达成的协议将会给彼此带来的利益和后果。要想取得真正的成功，每一方都应感到他们对这一结果做出了贡献。

付诸实践

当然，通过将你所同意的内容付诸实践来实现你的解决方案才是真正的考验。现在重要的是观察这种做法在实践中如何运作，以及双方是否愿意共同努力以确保成功。

回顾

有效地处理冲突是一个学习的过程。这从来都不是一件容易的事，它涉及情感，通常需要妥协，这是我们很多人都觉得困难的事情。当你取得成功的时候，你应该回顾一下你是如何做到的，这样你就可以建立一种方法，并与他人分享，帮助他们处理工作中遇到的冲突情况。

在没有达成共识的情况下过早地结束探讨，可能会重新引发冲突

什么是不该做的

你应该意识到，在处理冲突和对抗时，有些行为是无益的，应该避免。

◆ 个人化：这是指你把一些事情个人化，把所有的冲突情况都视为人身攻击，或者可能是你在个人层面攻击某人。

◆ 贬低行为：这是指你贬低某人或某事，例如："哼，就知道你会这么说，不是吗？"

◆ 操纵性：我们指的是一方试图使用他们的权力或地位凌驾于另一方，或者就他们处理这种情况的方式而言，确实是不诚实的。

◆ 变得咄咄逼人：对他人使用欺凌、叫喊、骚扰或恐吓行为。

以上任何一种行为都会使对方心烦意乱、感到不适甚至生气，只会进一步激化矛盾。

工作上的冲突和对抗是商业生活中不可避免的事实。学习如何以建设性和有效的方式处理冲突，对你自身和你的事业都是有益的。回避冲突是许多人的首选方式，但这不是一个选择。优秀的领导者会采取合作的策略，在任何冲突的情况下，都会为达成一个双方都能接受的结果而努力。

成功小技巧

◆ 要认识到冲突可以是一种健康的工作模式，因为它仅仅是一种意见分歧，而当我们去探究它时，我们就能更好地理解它。

◆ 了解你在这种情况下的角色，你是冲突的一部分，还是你在管理其他各方之间的冲突？

◆ 意识到你处理冲突的正常方式，过去你运用这些方式都有哪些效果，以及你会如何进一步改进处理冲突的方法以提高效率。

◆ 反思，以便更好地理解形势和观点。

◆ 注意人们的情绪，以及他们是如何影响你自己和他人的行为的。

◆ 保持专业的、以问题为导向的方法。

◆ 要时常回顾并注重学习，为下一次处理冲突积蓄力量。

11

人际关系力：理解自己与他人的需求

不久的将来，经济问题将退居其次，而我们的真正问题——生活和人际关系问题——将重新占据心灵和头脑的舞台。

——约翰·梅纳德·凯恩斯

我们认为，任何一位领导者或管理者成功的关键因素之一就是他们对"人际关系力"的态度。我们的意思是"一个人的全方位人际关系和个人内在智慧。他们如何运用自己的技能和能力来管理自己的行为，以及在与他人合作时如何管理自己的行为"，或者更简单地说，"接受他人本来的样子"。

我们通过4个我们认为重要的不同透视镜来考察人际关系力：文化、情感、社会、政治（见图11.1）。我们相信，理解这些不同的方面有助于提高在人际关系方面的意识、技能和能力。

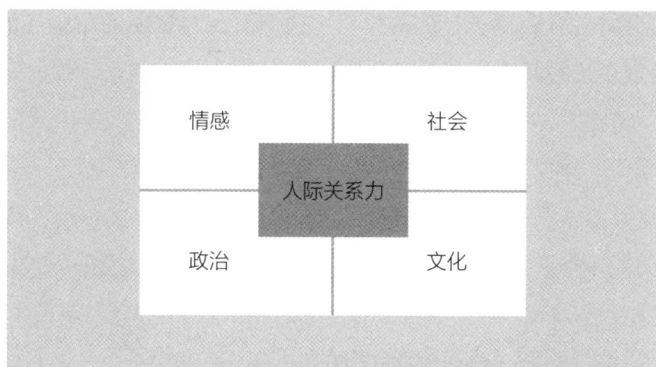

图11.1　人际关系力的4个方面

我们对人际关系力的4个透镜的定义如下：

◆ 情感意识是你识别、评估、管理和调节情绪的能力。

◆ 社会意识是一种在与他人合作时，表现出同理心、识别他人情绪状态，并做出相应反应的能力。

◆ 文化意识是你在不同文化背景下有效运转的能力。

◆ 政治意识是你运用自己的技能和行为来有效地操纵组织内的政治格局的能力。

另一种看待这个问题的方式是，情感透镜和政治透镜都与你以及你选择如何部署自己的行为有关，而文化透镜和社会透镜与你如何与他人合作有关。

人际关系力的另一个重要元素是它必须是真实的。近年来，关于这一领域的文章层出不穷，许多人现在认识到，有必要提高自己在人际关系方面的能力，而不是空口说白话。毫无疑问，如果是这种情况，你将被揭穿。真正在人际关系上聪明的人，会以一种熟练的、共鸣的和真诚的方式行事。那些仅仅"扮演着相对聪明的角色"的人会发现很难在长时间内保持这种伪装，而且在和别人打交道时，他们往往会落入陷阱。

> 真正在人际关系上聪明的人，
> 会以一种熟练的、共鸣的和真诚的方式行事

让我们看看每一个透镜所包含的内容。

情感意识

1996年，丹尼尔·戈尔曼的畅销书《情商》出版，使"情商"一词得以普及。然而，这个词实际上可以追溯到更早的爱德华·桑戴克时代，他在1920年使用"社交商"一词来描述理解和管理他人的技能。更早以前，19世纪70年代，查理·达尔文在他出版的书中谈到了情感的表达，而在古希腊，斯多噶学派和伊壁鸠鲁学派认为享受生活的能力被两个主要的弱点所削弱：缺乏对情绪的控制，对当下的关注太少。

我们相信情感意识是关乎培养个人能力的问题：

◆ 认清自己的感觉和情绪。
◆ 了解情绪和感觉如何影响你的心情和精神状态。
◆ 管理和调节你的情绪状态。
◆ 培养以适当的方式适应和处理情况的能力。

结合自我意识，理解情绪的重要性，认识到思想和感情之间的

区别，将有助于提升自身的情感认识。在这种情况下，情感上的自我意识是感知你对互动或情境的想法，它让你感觉如何，它对你身体反应、精神状态的影响，以及它如何影响你的行为。其中最重要的一个方面是能够识别和说出你的情绪，以及对人和环境的情绪反应。要做到这一点，你必须要认识到自己应对各种情况时的情绪反应，以及它们如何让你感觉和行动。

　　例如，你可能在工作方式上非常有组织有条理，而你的老板则是那种喜欢临时决定、凭感觉行事的人。虽然你觉得这在大多数情况下是可以接受的，只要它对你的工作方式没有太大的影响，但在其他情况下，你会觉得这让你感到困扰，你觉得他不尊重你的工作方式，这让你感到很沮丧。一个高情商的人可能会决定与他的老板讨论这个问题，讨论的内容大概是"当老板改变主意，希望员工能按照他的方式工作时，有可能会使员工产生抵触情绪，因此员工可以尝试跟老板探讨这个话题"。在这种情况下，分享自己的感受并不像很多人认为的那样是软弱的表现，而是一种情感上的自我意识，这样你们就能意识到彼此的需求，这将有助于你们在一起最有效地工作。

　　当然，情感也可以表达积极的情绪，例如，当你对某事感到快乐、高兴或兴奋时，分享这些通常是明智之举。识别、命名和分享你全部的情绪反应将帮助你更有效地管理你的各类人际关系，也有助于帮助他人理解你。

　　你可能会发现思考自己的情绪和感受很有趣。为了帮助你完成这一过程，图11.2给出了一系列表达情感的词语示例。

感兴趣

精力充沛

乐观的 紧 后悔 满足
充满希望的 张 伤心
做评价 害 快 兴 嫉 胆怯
担心 怕 乐 奋 妒 释然
放松 着迷 得意扬扬
满足 内疚
不开心 惊 困 难
灰心丧气 咄咄逼人 讶 惑 以
开心 骄傲 置
孤单 高兴 信
生气 焦虑
有把握的 恶心
尴尬
愉悦
失望
自信

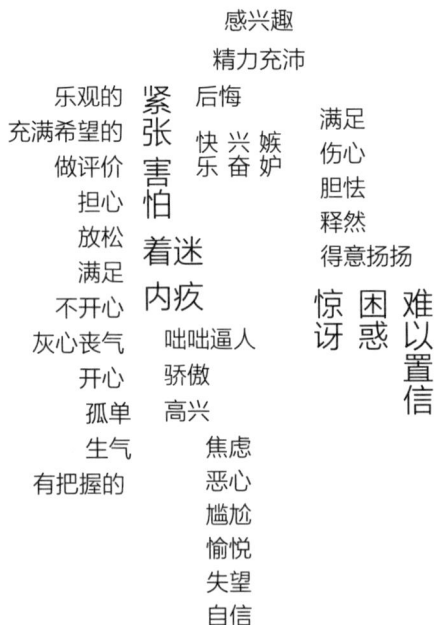

图11.2 情感词语示例

当你变得善于识别、命名和分享你的情绪时，情感意识的下一个阶段就是管理和调节你的情绪状态，这样你就可以恰当地处理你所面临的情况。例如，你可能和一位你觉得很难共事的同事发生了分歧，你很容易被你的愤怒冲昏头脑，说出一些将来可能会后悔的话，从而不可挽回地破坏你们的关系。高情商的人很快会意识到自己正处于愤怒和沮丧的状态，但如果表现出这一点，对解决问题是没有任何帮助的。

处理这种情况更有效的方法是认识到自己当下的情绪，然后研究如何更好地让你们的工作关系回到正轨，这不是说要否认自己的情绪，而是要调节它，并以一种双方都对结果满意的方式来调配情绪。

社会意识

这是一种通过表现出同理心、识别他人情绪状态以及在互动时做出适当反应来与他人合作的能力。我们大多数人每天都要和其他人一起工作，对许多人来说，保持良好的工作关系是他们面临的主要挑战之一。情绪意识是指关于识别自身的情绪状态，而社会意识是指培养自己识别他人情绪并做出适当反应的能力。它以行为、人际关系和行动为导向。它还与时机有关，知道什么时候该说什么，如何与他人互动，以及知道什么不该说。

社会意识取决于你适应和调节自己行为的能力，并希望别人也能做出相应的反应。有社会意识的人认识到他们必须：

◆ 了解这种关系的基础，例如，这仅仅是基于工作、个人友谊，还是两者的结合？

◆ 了解他们互动的动机，以及他们对这个话题的想法、情绪和感受。

◆ 通过以下方式展示同理心：

◇ 积极倾听对方的语言和非语言的暗示与线索，以了解对方对这个问题的看法。

◇ 通过提出尖锐而恰当的问题来表达对对方观点的兴趣，从而开始对话。

◇ 测试理解能力，以确保他们理解并尊重对方关于话题或问题的想法、情绪和感受。

◇ 调整他人的行为和语言模式，以便他们能做出适当的回应。

◆ 确保其他人感受到他们的意见得到了在场观众的有效倾听，他们的观点是被尊重的，他们对别人的需求和自己的需求都很敏感。

社会意识很大程度上是关于欣赏他人，花时间倾听、探索和理解他人的观点。它是关于认识到我们都是以自己独特的方式来表达自己，成功的工作关系需要你灵活调配自己的行为和情感反应来建立融洽的、可持续发展的关系，并达到有效的结果。

文化意识

这是关于我们在处理差异时有效运作的能力，主要在国籍、性别、职业、年龄、地区和组织等领域。这不仅仅是简单的跨国合作，更多的是认识到差异的重要性以及如何去应对它。

在我们的课程中，我们常常发现志趣相投的群体往往相互吸引。例如，我们通常会看到，上同一节课的所有女性坐在一起吃饭，来自某个特定国家的人或者来自类似专业背景的人会相互吸引。

相似意味着你们有共同之处，这使得交流和合作更加容易。然而，正是差异以及如何处理差异才使事情变得更有趣，这是生活中的现实。在我们的语境中，文化意识是指你有识别并有效运作多样性的能力。文化意识的关键在于，你本能地知道你看待问题和处理问题的方式有差异，但你必须接受、承认并处理这种差异，这样才能在大多数商业环境中有效地运作。

文化意识是指你有识别并有效运作多样性的能力

在处理文化差异时，有很多有用的技巧：

◆ 尊重对方。
◆ 准备好适应和灵活地适应其他文化。

◆ 表现出同理心，建立融洽的关系。

◆ 不要吹毛求疵，不要妄下结论。

◆ 认识到你做事的方式并不是唯一的方式。

◆ 确保每个人都有发言权。

　　每个人看待世界的方式都受到他们成长经历、父母亲因素、其他教育或制约他们的权威人士，以及他们在教育和工作初期的经历的影响，所以差异是生活的本质。当你意识到你在处理多样性的问题时，接受和承认差异，运用你的情感和社会意识的技能与能力，将有助于提升你在文化意识方面的技能。

政治意识

　　商业中的政治也是生活中的一种现实，不可避免。许多人认为政治技巧是一种消极的手段。我们认为现实情况是，除非你能够在你的组织和商业生活的政治环境中应对自如，否则你将无法发挥应有的效率。研究表明，缺乏政治意识是导致年轻管理者被淘汰出局的主要原因之一。

　　政治意识是指：

◆ 与非正式组织一起工作，了解事情是如何进展的。

◆ 知道谁拥有权力和影响力。

◆ 知道如何将自己和自己的想法定位到最佳位置。

◆ 在提出新想法时把握好时机。

◆ 了解决策是如何制订的，以及由谁做出决策。

◆ 要读懂字里行间的意思，不要只看表面价值。

政治意识是指要确保你的目标和宗旨与行业的保持一致的。它是关于提前做出计划和准备，以充分发挥自身的技术和能力，并表现出对他人的欣赏、尊重和理解。

政治意识有时被认为是负面的，特别是如果以操纵和自私的方式使用时，通常被称为善于权谋。我们相信，如果以一种巧妙而尊重的方式并且运用得当，政治意识将有助于提高你的人际智慧、成功技巧。

下面的测试将帮助你反映和评估你对人际关系力的态度以及你在这方面的能力。

人际关系力评估

自我反省

看看下面的每一条，给自己打分，（1代表低分，5代表高分），然后记录你认为自己在这一领域可以进一步发展的方面。例如，我的分数告诉了我对人际关系力的态度，我的人际关系能力是怎样的一个现状，以及我可以采取哪些措施来取得进步。

	分数	笔记
情感方面		
1.我发现谈论自己的感受很容易	1 2 3 4 5	
2.当我的情绪影响我的状态时，我能识别出来	1 2 3 4 5	
3.我知道自己的感情会影响自身的行为	1 2 3 4 5	
社会方面		
4.我发现读懂别人的情绪很容易	1 2 3 4 5	
5.我会调整自己的行为以适应他人的需要	1 2 3 4 5	

6.我对非语言交流和身体语言能敏锐察觉	1 2 3 4 5	
文化方面		
7.我喜欢和来自不同文化背景的人一起工作	1 2 3 4 5	
8.我会灵活调整自己的行为以适应不同的环境和文化	1 2 3 4 5	
9.我承认我的信仰和价值观并不优于他人	1 2 3 4 5	
政治方面		
10.我知道自己所在的组织是谁在掌权	1 2 3 4 5	
11.我知道什么时候该表明立场，什么时候该"保持沉默"	1 2 3 4 5	
12.我知道谁是"求助"的人	1 2 3 4 5	

现在反思你的分数和你做的笔记。确定人际关系力的哪些组成部分让你感觉最舒服，哪些更有挑战性。因为人际关系力是任何管理者成功的主要因素，你现在应该确定你希望针对特定情况和背景开发的关键领域。

人际关系力是指理解自己和他人的情绪状态与需求。

成功小技巧

◆ 花点时间关注你在不同工作环境下的情绪。

◆ 反思你的感觉和情绪，以及它们是如何影响你的心情的。

◆ 观察他人，从中找出有关他们情绪状态的提示和线索，帮助你解读各种人际关系中的行为。

◆ 练习灵活处理和调整自己的行为，以此从各种情况中获得最好的效果。

◆ 抓住机会在新的环境中工作，使你的经验更丰富，行为更灵活，以达到最有效的结果。

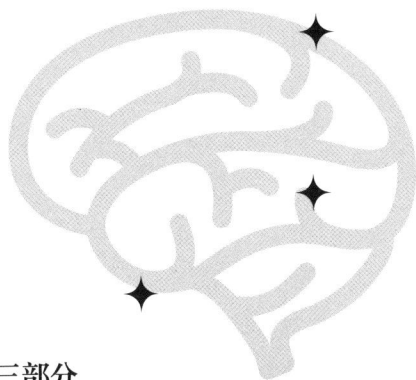

Part Three

结果会说话

我们需要利用社会和情感等方面的因素，来确保个
体对工作的满意度以及良好的工作绩效。

12

变革：与利益相关者共同推进

当我们改变不了生活环境的时候，那我们就要尝试改变自己。

——维克多·弗兰克

变革是不可避免的，任何一个成功的领导者或管理者都必须有一个积极的态度，这意味着既要有能力在组织内部充当变革的推动者，又要有能力帮助他人应对变革，并理解他们对变革的回应和反应。

在这一章中，我们将探讨变革的本质、对变革的态度、个人和组织的变革、变革的阻力和障碍，我们将介绍有助于有效管理变革的过程和技术。

变革的类型

变革不仅影响个人，也会影响组织，具体可将其分为4个部分：有计划的或突发的变革，要么是强加给你的，要么是由你发起的。

有计划的变革涉及结构和系统，旨在引发改进，它通常由管理层驱动，看起来似乎是可控的，自己心中要有一个最终目标。

突发性变革更具有流动性和持续性，这种变革是一个持续的过程。它是混乱的，涉及灵活性和实验过程，结果不可预测，往往令人震惊。

个人和组织对变革的反应，无疑受到变革是强加给他们还是由他们发起的影响。图12.1说明了这一点。

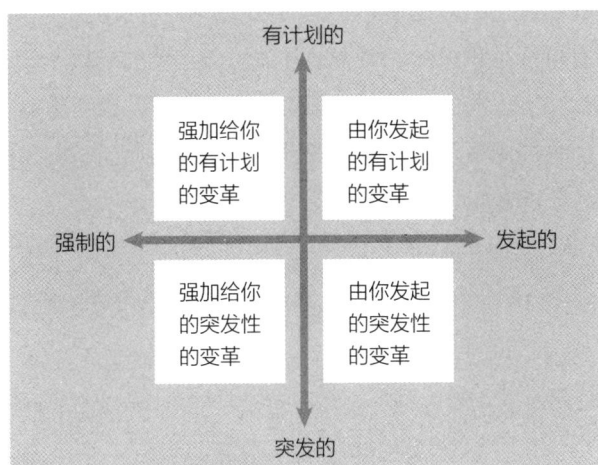

图12.1 变革的类型

◆ 强加给你的有计划的变革。这里涉及结构、系统或流程的更改，管理层认为这些改变会带来业务结果的改善。

◆ 由你发起的有计划的变革。这里涉及计划实现的结构、系统或流程的变更。

◆ 强加给你的突发性的变革。突发变革的本质是，你无法预测它将如何以及何时发生；相反，它是外部力量强加给你的一个流动的、持续的过程。这可能是与环境、市场、技术、新工艺或人员相关的。

◆ 由你发起的突发性的变革。你可能是一名高级经理或领导角色，你必须意识到你需要对不断的变化做出反应和回应。这是一个没有计划和结构的进程,却是由你发起的。

在处理变革时,确定变革的类型很有必要。因此,作为一个领导者或管理者,你会遇到强加给你的变革,你也会是一个变革的发起者。显然,你对变革的态度在某种程度上取决于你是否是这场变革的发起者。我们每个人对变革和变革的过程都有不同的态度。作为发起者,你最有可能是积极的、兴奋的并致力于变革的那位。然而,其他人可能和你持有不同的观点,你必须接受这一点,因为你对变革有强烈的动机,你的同事可能不是。理解阻力存在的原因是成为成功变革推动者的一个重要部分。

我们每个人对变革和变革的过程都有不同的态度

变革的阻力

一定程度的阻力总是可以预料到的,因为改变几乎肯定会让所有参与其中的人感到不安和压力,包括变革的推动者。

那么,人们为什么抗拒改变呢?以下是一些最常见的原因:

◆ 对未知的恐惧。这可能是缺乏对变革需求的认识,对新系统、人员、流程的恐惧,或者在变革期间和之后缺乏有效运作的培训和技能。

◆ 自满。事情会让人感到舒适和安全,是因为已经形成了良好的习惯,很难改变。

◆ 不安全感。一种普遍的失落感,并对未来的工作感到担忧。

◆ 缺乏理解。对变革的必要性或目的知之甚少,这通常与变革发起者缺乏有效沟通和不注重信息的发布有关。

◆ 利己主义。自私地关注改变将如何影响自身，通常与职位权力或者工资、报酬相关。

◆ 计划的变革存在争议。不接受变革或者对于变革的过程、时间、优点和缺点存在分歧。

除了这些来自个人方面的阻力，还有一些常见的来自组织的障碍，包括：

◆ 该组织中以往变革计划的声誉，尤其是有失败跟踪记录的情况。

◆ 在向组织介绍变革时管理不善，没有解释变革的必要性，在这个过程中没有人参与或咨询，也没有任何证据表明他们进行了培训或自我提升来应对这种变革。

◆ 在组织内部的权力结构中，高层和有影响力的人士会对任何变革设置障碍。

这些阻力都会影响一个人对变革的态度，不管他们是否接受或抵制变革。人们与变革相关的行为一直是研究和理论的主题，有两个关于变革的模型可以帮助人们对变革的态度、感觉进行分类，并可能会帮助你理解你的特定反应。

例如，菲奥娜是负责推动阿什里奇学院计划变革的一个小组的一员。变革包括要求教师更换办公室。这一变革背后的基本原理是将全体教员聚集在一座大楼里，以鼓励更多的交流、分享和团体活动。发起者们非常惊讶地发现，许多人都是很有情绪的，总体来说大家都非常抵触。

经过分析，产生这种抗拒的原因是：

◆ 对变革的原因缺乏了解。
◆ 缺乏协商。

当我们兴奋于这一变革带来的益处时，我们并没有考虑到同事们的意见和需求。我们如何能避免这种情况的发生呢？事实上，很简单，我们应该跟大家积极沟通交流，对他们产生的情绪表示理解，试着在发动变革之前得到大家的支持，并帮助他们理解搬家的原因。

你可能会发现对自己所参与的各种变革过程进行反思是大有裨益的。首先，想想自己最初是何时开始萌生发起变革的想法的。这是一种什么样的变革——计划的还是突发的？现在再想想你从同事那里遇到的阻力。那是什么类型的抵抗，你认为为什么会发生这种抵抗？你该如何以不同的方式来处理它，以避免这种阻力？

其次，当变革强加给你的时候，那是一种什么样的改变——计划的还是突发的？现在想想这让你感觉如何。你觉得有什么阻力吗？试着描述一下这种阻力，以及产生这种阻力的原因。你会采取哪些不同的方式来克服这些阻力？

变革的模式

瑞典心理学家克拉斯·詹森博士基于他对人们是如何经历变革的研究，创造了"4个房间"的变革模式，这一模式始于1964年，一直到今天安德&林德斯特伦合伙人咨询公司仍在沿用。该模型关注在变革中个人和组织都发生了什么，并帮助你衡量人们对变革的态度、组织气氛和应对变革的准备情况。

詹森博士的理论表明，在变革的过程中，个人和组织都经历了这样一个过程：从满足开始，经过否认进入困惑状态，直到最后，如果我们幸运的话，达成革新。詹森博士指出，我们必须经历这个循环，我们不能从满足现状直接跳到革新这一步。

成功的变革管理需要穿越4个房间，这样才能有效地带来变革。没有做到这些的组织，如果不能有效地处理否认或困惑，可能会失败，也确实会失败。有很多例子表明，当这种情况发生时，公司就不复存在了。例如，金融服务和零售行业最近的一些失败案例可以归结为拒绝主动应对变革过程的每一个阶段。

成功的变革管理需要穿越4个房间

下面简单描述一下每个房间里发生的事情。为了更全面地描述这一点以及如何使用该模型，我们建议你访问詹森博士的网站。

在"知足室"里，你会发现人们（或组织）回想起过去的辉煌，会变得自满起来，他们依赖这样一个事实：认为今天所取得的成就将在未来得以延续。那些陷入自满的人必须经历否定和困惑期，才能走向革新。

在"否认室"里，正如它的名字所暗示的那样，人们拒绝承认存在任何形式的问题，尽管对同事和客户来说，问题是相当明显的。当一个人或一家公司拒绝接受现实时，他们就不可能继续前进，除非他们接受现实，但这可能会让人感到不舒服，因此会倾向于拒绝接受现实存在的问题。

在"困惑室"里，人们接受问题或改变，但尚不知如何处理它。这就导致了怀疑、焦虑和不确定性，而这些往往以渴望解决问题为特征，从而导致不成熟的决定和行动。"困惑室"是思考、发展和创造的地方。允许人们花时间"不知道",并一起思考解决方案,这一点是很重要的。

在"革新室"里,人们和组织有了一种全新的活力、目标和承诺。这里的理念是尽量让你自己或你的组织保持更新。然而,现实情况是,大多数人和组织最终都会回到满意的状态。这表明,变革是一个永无止境的过程,优秀的管理者和领导者必须时刻意识到这些影响他们生存环境的变革。

我们发现,许多管理者认为这个过程很实用,并且很容易应用到他们自己需要应对的变革问题上。例如,奈杰尔·梅尔维尔发现它是一个特别有价值的变革工具。

威廉·布里奇斯有一套非常有趣的,而且我们相信也是非常有用的变革理论。他相信变革并非起于新,而是始于旧,并非源于被改变后的事物,而是源于一段事物的结束。他的模型探索变革是一个三步走的过程,从即将结束的地方开始,穿过他所说的中性区域,然后进入我们通常认为的变革本身,即新的开始。

他的观点是,我们往往忽视了人们在变革过程中失去了什么,真正结束的是什么,我们作为管理者的关注点往往集中在开始的事情上。如果我们能帮助人们很好地处理结束,那么我们就能更好地应对变革。这包括接受你将会失去一些东西,这些损失可能是主观的而不是客观的。不管怎样,这些是真实发生的,人们将会为即将结束的事情而悲伤,因为他们经常对过去有一种情感依恋。我们必须学会尊重人们的需要,回顾他们的过去。这可能是象征性的,也可能是真实的。

如果我们能帮助人们很好地处理结束,那么我们就能更好地应对变革

中立区域类似于4个房间模式中的"困惑室"。布里奇斯和詹森一样，认为在完全接受改变之前，会有一段过渡和混乱的时期，这是完全正常的。通常情况下，变革的发起者往往忽视了这一自然过程，并期望人们不经过过渡就接受任何变革。他们似乎并不明白，变革涉及情绪反应，也没有观察到许多领导和经理人无法应对这种变革。过渡时期是一个困难的时期，人们需要支持，以及制度体系等方面的支撑，这也是一个极具创造力的时期，在这一阶段各种创意可以蓬勃发展。

终于，我们开始了。这里的关键在于，作为一名管理者，你不能强迫人们变革，相反，你必须鼓励和支持他们。参与是成功变革的先决条件，所以给人们一个角色来扮演是很重要的。经理的角色是一个促进者，而不是一个变革的指导者。

变革的主题

阿什里奇商学院最近进行的研究表明，75%的受访者认为领导或管理变革是他们职责的一部分。然而，令人担忧的是，同样是这些受访者也认为，他们所在组织的领导者中，只有不到50%的人具备良好的领导变革的技能，只有41%的人认为领导者接受过良好的领导变革的培训。毫无疑问，这种技能和培训的缺乏将导致变革出现阻力。

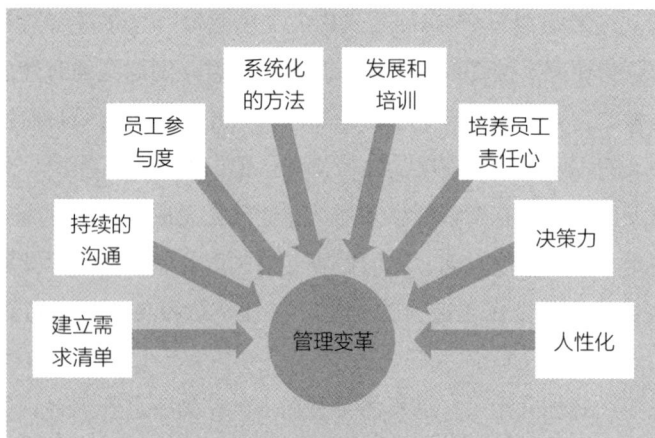

图12.2 变革：关键主题词

在这项研究的基础上，我们确定了图12.2中的主题词是成功管理变革项目的关键因素。

建立变革的需求清单并设定预期结果

"如果我们都知道并理解我们将要去向何方，事情就会简单得多。"当与人们谈论变革时，类似这样的陈述很常见。在我们的研究中，最常被提及的问题之一是缺乏对变革需求的清晰认识。所以，无论变革是什么，无论是一个重大的组织变革还是部门或团队中一个简单的过程变革，都要确保你能清楚地表达变革的需求和期望的结果。

任何变革都有可能让人们感到不安，但如果他们有自己的愿景，并意识到变革的必要性，信任就会建立起来，人们就会更愿意接受变革的过程。除了建立对变革的需求之外，如果你能够交流你的情感感受，定义业务利益并将其转化为可交付成果，你将增加你作为一个成功的变革推动者的声誉。

过程中的持续沟通

成功的变革不会很快发生，人们通常认为挫折之一就是在这个过程中缺乏沟通。通常情况下，变革一开始会有很多嘈杂的声音，然后一切会变得很安静，这让人们感到不安、没有安全感、没有参与感。

使用如下方法，定期更新变革过程：

◆ 言出必行。
◆ 走廊会议[1]。
◆ 播客。
◆ 公民大会。
◆ 路演。
◆ 邮件。

这些有助于保持人们的知情权。定期交流也将提供一个平台，以便人们随时分享收获，庆祝成功。除此之外，重要的是要确保高级管理人员和其他变革推动者在整个变革过程中乐于参与对话并回答问题。人们对变革了解得越多，他们就越有参与感，从而更愿意接受新思想。

1　走廊会议发生在办公场所的走廊通道上。一般是指某些企事业单位在讨论某些问题时，由于事件没有明确的责任部门或者负责人，某些高层、中层领导与相关人员展开的非正式的讨论或进行任务责任人的指定。——译者注

人们对变革了解得越多，他们就越有参与感

员工参与度

变革不一定是自上而下的。与你的员工互动，让他们参与到整个过程中，将有助于员工深度了解变革，并得到他们的支持。重要的是要明白，变革是随着人们的改变而发生的，而不是强加在人们身上的，所以花点时间让各个层次的人都参与进来会带来巨大的回报。如前所述，沟通是这里的关键，通常来说，我们可以说沟通越多，员工的参与度就越高。

变革的系统方法

采用系统的方法推进变革。在我们的研究中，诸如"膝跳""无头鸡""为了改变而改变"等短语经常被提到，同时也伴随着对所采用的过程缺乏结构的失望。拥有一个清晰定义的过程会让人们对变革更有信心，并能减少不安全和不确定性的挫折感。人们也经常会谈到对框架的需求：设定目标、任务、时间表、优先次序、回顾和评估，这些都是过程的一部分。

发展和培训

应在各级工作人员中执行。我们的研究表明，投资于人的发展才是致力于变革的真正承诺。许多管理者在其专业领域有技术上的能力，但这并不意味着他们有能力或了解变革的技能和过程，以及变革如何影响组织中的人。在培训和发展方面，下列一些想法很重要：

◆ 确保变革的领导者具备成功的技能和能力。

◆ 为员工提供培训，不仅是管理者，而是所有员工。鼓励经理们对他们的员工经常加以指导，这样他们就能在变革中支持经理。

◆ 培训人们的软技能尤为重要。帮助他们了解自己与他人对变革的态度和感受，以及变革如何影响人们。了解变革的心理影响因素，以及如何最好地帮助人们度过这个过程。

◆ 开发一个可以与所有人共享的变革工具包，可以使用在线技术来确保尽可能多的人能够获得基本的培训。

培养员工责任心

对许多人来说，缺乏变革责任感似乎是一个关键问题。我们的研究显示，近90%的受访者认为，领导或管理变革是他们角色和责任的一个重要方面。然而，许多人提到，这不是他们关键业绩指标的一部分。通过设定目标和任务，让人们更富有责任心，并让人们对新想法负责，这将带来对变革的更大承诺。除此之外，奖励且认可为达成目标所做的努力与改变，以及取得的胜利，这将大大改善人们对变革的态度。

决策力

在变革期间做出明确的决定是很困难的。在应对突发变化时尤其如此，因为这常常涉及要改变你的习惯性做法。显然，你在这个过

程中沟通、咨询和计划得越多，就越容易做到这一点。艰难的、不受
欢迎的和困难的决定是变革过程中的重要组成部分，常常涉及诸如冗
余、角色重新分配和成本削减等问题。认识到人们对变革的情感需求
和感受，将有助于你采取一种适合所做决策的方法。我们的意思是，
如果你面对的是一个明确、明显、对人们影响很小的决定，那么这个
决策可以是迅速而清晰的。然而，如果这个决定对人们影响很大，那
么决策的制订和沟通方式就需要更细致的处理和考虑。

艰难的、不受欢迎的和困难的决定是变革过程中的重要组成部分

人性化

要说人们对变革最大的批判，可能就是它明显缺乏对人性化一
面的考虑。我们采访过的一位经理人在评价他的变革经验时，建议说
"不要把员工当作可有可无的资源，而是要把他们当作帮助组织取得
成功的创造力和创新的源泉"。如果你忽视了变革中人性化的一面，
那么后果自负。你的员工可以支持并推动变革，也可以抵制变革，不
断地在前进的道路上设置障碍。

变革并不容易，所以通过认识到自己和他人对变革的感受，采用
一些好的管理原则和应用常识，你会发现整个过程会运行得更顺畅。

有许多作家和顾问将为你提供他们成功变革的模型或过程。我
们想说的是，变化是永恒的，为了生存，我们都必须适应、发展并做
出改变。所以，认清自己对变革的态度或者为了变革都做好了哪些改
变，并在日常生活中遵循一些关键原则，当你领导和管理变革时，你
会变得更加自信和有能力。

试试下面的自我反省问卷。

自我反思问卷：我对变革的态度

看一下这些陈述，用1到10的分值给自己打分，1分表示不同意，10分表示同意（参见表12.1）。

表12.1 自我反思问卷

评估问题	分值
1.我相信我可以改进工作方法，使之更有效率	1 2 3 4 5 6 7 8 9 10
2.我愿意接受个人角色和职责方面的任何改变	1 2 3 4 5 6 7 8 9 10
3.我自愿并期望参与到变革项目中	1 2 3 4 5 6 7 8 9 10
4.当有人提出变革建议时，我欣然接受	1 2 3 4 5 6 7 8 9 10
5.我一直在寻找做事的新方法	1 2 3 4 5 6 7 8 9 10
6.我领导并负责变革项目	1 2 3 4 5 6 7 8 9 10
7.我相信变革对组织和个人都是有益的	1 2 3 4 5 6 7 8 9 10
8.我喜欢学习新事物	1 2 3 4 5 6 7 8 9 10
9.我了解自己在变革中所扮演的角色	1 2 3 4 5 6 7 8 9 10
10.我相信自己在面对变革时，会采取正确的技能、能力和态度	1 2 3 4 5 6 7 8 9 10
总得分	

基本上，你的分数越高，你对变革所做的准备就越充分。然而，即便如此，你仍需做好准备，知道如何面对你所领导和管理的下属。

有效管理变革的最大挑战之一是确保相关人员处于类似的准备状态。如果你对变革充满热情和激情，而你的团队却充满怀疑和不确定性，那么你在前进的路上就会遇到障碍。因此，你也可以使用这个简短的问卷来评估团队的准备情况。一旦你知道了这一点，你就可以评估你的下一步，你所处的阶段，其他人所处的阶段，以及你与他人之间的差距。然后你就可以评估如何以最好的方式与周围人互动。

改变是生活的关键。所有的管理者和领导者都必须学会有效地应对、管理和领导变革。

成功小技巧

◆ 遵循适合你自身背景的结构化流程。

◆ 要尽早沟通，经常沟通，但不能在变革过程中过度沟通。

◆ 与所有利益相关者共同计划、商议、合作。

◆ 要开诚布公地建立信任。

◆ 要清楚在变革过程中你对人们的期望是什么。

◆ 让人们对具体的行为负责。

◆ 在绩效管理流程中建立变革职责。

◆ 对于变革过程中人们可能产生的情绪保持警觉和敏感，并适时做出回应。

◆ 认识到软技能在这一过程中的重要性。

◆ 为变革开发一套守则并提供培训。

◆ 变革不必是自上而下的，每个人都可能成为变革的发起者。

◆ 确认那些在变革中总是愿意帮助他人的变革卫士。

◆ 要知道你对变革的看法可能不会被每个人所接受。

13

脱轨：为什么会偏离既定轨道

脱轨不是突然发生的，不是一时兴起造成的。在大多数情况下，它是可以预测的，并且通常是个人管理者和组织的责任。

——唐·W.普林斯，创造性领导力中心

作为一名职业经理人，你要意识到的一个关键风险是脱轨。也就是说，你或者你的员工都有脱离轨道的风险。那么，我们所说的脱轨是什么意思呢？意思是你不能完成你计划的课程，不能实现你和其他人，比如你的朋友、家人、经理和人力资源部门期望实现的目标。但这种情况经常发生吗？美国研究员摩根·麦考尔和创造性领导力中心的研究表明，对组织中的高潜力经理人来说，脱轨现象非常普遍。事实上，最初让这些经理人走上高层管理者这条快车道的品质也包括另一面，这有可能使他们在以后的职业生涯中偏离轨道。

会让你取得初步成就的因素

取得初步成就的一些因素——你很可能会认为这些是你所拥有的良好品质——如下：

◆ 良好的业绩记录：这些人能取得优秀的业绩，在职能/技术领域有很高的影响力。

◆ 才华：非常聪明和智慧的经理人。

◆ 承诺：被认为对组织忠诚、愿意长时间工作并接受任何任务的经理人。麦考尔提到了那些工作时间很长，每周工作七天的人。

◆ 魅力：被认为是有魅力和令人愉快的人。

◆ 雄心勃勃：精力充沛，成就斐然，注重结果，想要继续前进的人。

优势的负面影响

但是上面列出的优点和品质也有其不利的一面。优势一旦利用过度，就变成了一个潜在的缺陷。让我们再看一遍这些优点和品质，并找出一些潜在的缺点。

良好的业绩记录

人们可能有一个良好业绩，但这种成功可能往往是在一个非常狭窄的领域取得的。例如，如果这是一个纯粹的技术领域，它可能会使人们对更广泛的背景视而不见。成功也可能是通过破坏性的方式取得的。也许，以往的成功记录完全取决于增长的市场，而不是个人的能力。或者，其他人对成功的影响可能比这位高管更大，而因为他们拥有的团队很优秀，所以个人没有被单独嘉奖。有时，经理人的行动可能过于迅捷，但对目标的达成可能并不是一件好事，只要及时更正即可。

所以，如果你管理的是那些有着良好业绩记录的人，要确保以上这些都不适用于他们。

才华

拥有一个聪明的管理人似乎是一件好事，但这也有它的缺点。才华会让他人感到压力，而才华横溢的人会贬低那些他们认为不如自己有才华的人。

他们会贬低别人的想法和贡献，因为他们太自我了。那么，如果你管理着一个才华横溢的人，你能做些什么呢？首先，密切关注他们如何与周围的人互动和联系。他们能融入并倾听他人吗？他们能让其他人参与讨论，并认可除了自己的好主意之外的其他好点子吗？如果他们不能做到这一点，那么你就需要介入并指导他们，因为他们可能已经开始有脱轨的迹象。

才华会让他人感到压力，
而才华横溢的人会贬低那些他们认为不如自己有才华的人

承诺

高度承诺貌似一件好事，但也有它的缺点。承诺过高会导致一个人从工作的角度来定义自己的一生，然后期望别人也这么做，会导致管理者愿意为了成功而做任何事情，包括有问题的或不道德的。那些过度承诺的管理者可能会对员工态度恶劣，并利用员工作为实现个人目标的手段。现在，虽然你可能不想让人们停止努力工作，但你可能想要关注他们工作与生活的平衡，确保他们不会精疲力竭，或者更糟糕的是，让别人精疲力竭。

魅力

魅力的缺点是它可以选择性地被用来操纵别人。这样做的人并不是对所有人都有吸引力，因为他们或许在前一分钟还很有魅力，下一分钟就变成独裁者，所以一时很难看出这种人的潜在负面因素。如果在你的团队中有这种善于使用魅力的人，那么要确保他们在大多数时间里对大多数人都很有魅力。也让我们面对这样一种现实，他们很可能是为了取悦你或他们的老板。你需要确认的是，了解他在其他地方以何面孔示人。

雄心勃勃

这是积极的，但过于雄心勃勃，就有可能让自己和公司承担过高的风险。这些管理者变得不切实际地雄心勃勃，最终承担了超出他们能力范围的工作。比如，英国厨师、餐馆老板、电视名人戈登·拉姆齐在一次接受报社采访时说，他在纽约的餐馆之所以失败，是因为他太有野心了。

这意味着，作为一个有效的领导者，你需要意识到自己潜在的负面因素，以便能够更好地管理它。此外，要意识到潜在的脱轨因素可能会影响你的团队。

脱轨动态

在考虑人们的脱轨可能性时，你需要记住三个关键点：

◆ 优势可以成为劣势。

◆ 盲点最终会产生影响。

◆ 成功会导致傲慢自大。

优势变劣势

成功的人会变得傲慢和过度自信。管理者很难放弃过去行之有效的做法。因此，在某些情况下，当环境和情况发生变化时，例如，在一个新的工作、部门或者一项海外任务中，他们的优势不会随着环境的变化而变化。因此，他们变得不灵活，而像"果断"这样的优势可能会变成弱点，被视为独裁而非果断。例如，技术优势可以导致微观管理，你开始自己上手，并告诉别人具体该怎么做，而不是指导和管理他人。对原则的强烈信仰可能会演变成狂热或将自己的信仰强加于人。

对原则的强烈信仰可能会演变成狂热或将自己的信仰强加于人

一位经理向我们报告说，他所在组织的一些经理"忙着做别人的工作，而没有做自己的工作"。这是一种极为普遍的情况，因为管理人员正是基于他们的技术知识和能力得到提拔的。

让我们举一个例子。在需要战术技巧的情况下，成为一个战术天才是很重要的，但危险在于，这个人无法适应需要战略意识的工作，而且太过专注细节。他们没有看到更大的图景，不被视为战略性人才，这最终导致他们脱轨。

技术专长是在许多领导场合中都有效的另一个优势，特别是在较低的管理阶层。然而，如果一位经理人因为更强的业务能力导致他过度管理，指导人们如何做事，而不是让员工按照自己的方式去工作，这就会成为一种负担。

如果被过度管理的人实际上比他们的老板更清楚自己在做什么时，这就是走向自毁的趋势。这种情况经常发生。一家法国跨国公司的一位经理人承认，他的弱点是无法后退一步，也无法不干涉。他关心的是确保成功，但他无法放手却产生了相反的效果。他没有给他的手下一个站出来承担责任的机会，结果大家开始怨恨他。

如果你成功了，迟早你会管理你专业领域之外的人员和部门。然后，如果你想继续取得成功，你别无选择，只能退一步海阔天空，学会放手。

过度管理的人可能会犯以下错误：

◆ 干涉他们不了解的事情。

◆ 拒绝那些能为他们提供帮助的人。

◆ 因为不听专业人士的意见而犯错。

◆ 没有得到专业人士的帮助，因为他们被疏远太久了而不愿出力了。

◆ 陷入细节的泥潭。

◆ 没有思虑周全。

盲点最终会产生影响

根据研究表明，不敏感是脱轨高管中最常见的缺陷，也是最有力的分辨器。

权力和恐吓会使人顺从，但对他人的毫不关心可能导致：

◆ 在关键时刻缺乏支持。

◆ 下属不会为你传递重要信息。

◆ 主动蓄意破坏。

◆ 难以获得下属的意见。

◆ 其他适得其反的活动。

以前温和的缺点变成了致命伤，通常是因为环境变化所致。有才华的人往往会使局势发生改变。例如，他们通常会获得晋升，被分配发展型任务，被赋予更多的责任，换到新的且更显眼的位置。如果被派往海外，那么他们就会有一个新的老板，新的要求，一种新的国家文化，新的组织文化，等等。这些新情况挑战了一个人持续成功的特殊模式的优势和劣势。如果他们发现自己所处的环境不再能让他们发挥他们的长处，他们就只剩下弱点可以利用了。

关键在于以往的做法与新形势的要求有巨大差异。如果我们看看莎士比亚的戏剧《麦克白》，就会发现脱轨的想法在那个时候就已经有了。麦克白是一个成功的战士，但不能成为国王。他的长处在于勇敢和好战，而不是作为一个可能需要使用外交手段，在和平时期领导人民并有克制力的领导人。

麦克白是一个成功的战士，但不能成为国王

界限跳跃也会带来很大的威胁，例如，如果你改变了职能领域，或者在组织内部从一个业务转移到另一个业务，或者从一线职位转移到员工职位。那些以前在独裁风格下获得成功的人，当他们所处的领域发生变化时，必须学会转向另一种风格。

那么这对管理者的评价意味着什么呢？这可能是每年都被画上勾的固定能力模板，没有多大用处。但现实情况要复杂得多，任何对能力的评估都应该考虑到环境，以及一个人的优势和劣势在现实中如何相互作用。不要只看人们取得的结果，更要关注他们取得这一结果的过程。

因此，人们必须认识到这些优点和缺点，我们不能再简单以结果来定义效力。这种想法只是掩盖了管理者和组织的发展需求。组织普遍渴望的是结果，这是正确的。它关注的是"做了什么"，而不是"如何做"。也就是说，它只关注已经做了什么，但在这样做的过程中，它常常忽略了取得这些结果的方式。取得结果的方式显然很重要，因为它可能会导致长期的失败。如果你不小心忽视了员工的弱点，或者甚至奖励了他们，你就是为他们的脱轨埋下了伏笔。

成功导致傲慢

傲慢可能存在于所有层次，是脱轨者的一个重要特征。人们会变得脱节。傲慢有其特点：它会随着时间的推移而增长，它会给人一种不可战胜的感觉，并对自己的影响及潜在后果视而不见。傲慢导致过度乐观。傲慢的管理者认为，在某一领域的专长会使他们在其他领域也成为专家。

傲慢也使人深信正常的规则并不适用。不考虑他人的感受，忽视价值观，对结果不懈追求，最终会使人产生偏离正轨的念头。对他人的高度控制，加上以往的成功记录，使许多高管对于自己依赖他人的现实视而不见。事实是你不能孤立地完成一件事。

那么，为什么人们不在他们的弱点引起问题之前纠正呢？研究表明这是由几点原因造成的，但最主要的一个原因是当事人暂时还未受到这些弱点的负面影响。需要补充的是，他们可能还没有意识到，或者只是部分意识到这些弱点。他们拒绝承认自己的弱点，也不理会任何信息和反馈。实际上，他们是在否认事实。他们的文化，无论是国家的还是组织的，也可能会起到一定的作用。所以重要的是，你要有高度的自我意识，作为一个管理者，你要有足够的力量和精力向这样一种人提供反馈，组织本身有足够强大的文化来面对这种否认，获得支持并得到发展——可能以指导或辅导的形式——是可行的。

培养高度的自我意识是很重要的

学习是防止脱轨的必要条件，但不幸的是，为了采取行动，学习往往被忽视了。停下来反思并从一个特定的行动过程中学习通常被认为是浪费时间。正如麦考尔所说："通常情况下，从具有挑战性的经验中真正学到的东西，来自风暴过后的反思阶段，这时可以通过反馈和结果来检查哪些地方做错了，哪些地方做对了。不幸的是，特别是对有才能的人来说，反思期很少存在。"

因此，花时间去反思是很重要的，最重要的是从事件中学到经验。

为了防止脱轨，你可以做些什么？

作为一名有效的员工管理者，你的工作就是确保你能发现员工的潜在脱轨迹象，并且能为此做些什么。以下是一些指导方针：

◆ 干预。不要什么都不做，有勇气介入并指出人们行为的后果。

◆ 指导员工。作为一名人事经理，意味着你需要有能力指导你的员工并使其获得发展。有关如何有效地进行培训的更多信息，请参见第4章。

◆ 定期提供反馈。不要等到年度评估。确保你的反馈经常出现，这样你就能在问题失控前及时发现问题。学习如何有效而巧妙地给予反馈。

◆ 分析。找到自己和他人的长处与短处，列出自身长处的潜在缺点。诚实地面对自己，并思考任何过度发挥的优势可能会带来的影响。

◆ 拥有一名"诤臣"。在文学作品中，你会注意到许多国王都有诤臣，一个可以批评国王的臣子，因为其他人都不敢。确保你有一个值得信任的同事，他会给你真实诚恳的反馈。鼓励别人挑战你并说出真相。

◆ 不要试图控制一切。生活是复杂和不确定的，你不能控制一切，所以不要尝试。给别人主动采取行动的空间，学会更多地信任你的员工。

◆ 少依赖纯粹的技术技能。多倾听，多容忍歧义，从同事、工友和外部人士（而不是老板）那里得到更多的反馈。

◆ 更专注于解决问题。少关注促销推广。

◆ 变得更加感性和智慧。我们认为，情商和人际关系力常常被许多管理者所忽视。但是，情感上的沟通和与他人的联系能力显然是成为一名高效的管理者必不可少的技能。

◆ 注意你对他人的人际影响。经常得到反馈。准备好承认错误，足够谦虚地为自身的错误道歉，并确保你能从错误中吸取教训。

脱轨和转换

大多数管理者和领导者都会在他们的职业生涯中经历多次转变。迈克尔·沃特金斯教授于2012年发表在《哈佛商业评论》的一篇文章中提出了几种不同类型的转变，他认为，如果没有这些转变，一个人就有可能无法成功。换句话说，他们有脱轨的危险。

我们注意到的一些变化如下：

◆ 专业通才。这是一个明显的转变，但比看起来要困难得多。这意味着放弃你已经获得的特定知识以及这些知识带来的舒适感。更糟糕的是，你放弃了知道的东西，换来的却是——不知道！这是一个非常不舒服的转变。

◆ 战略战术家。你将不得不从战术性思考转向更具战略意义的视角。你不能再从你自己、你的团队甚至你的部门的角度来看问题了。同样，你将不得不放弃你花了多年时间才获得的技能和心态。

◆ 砖匠建筑师。你需要走出从自己动手中获得满足感，转变为确保别人完成任务，并以正确的方式完成任务。这是一场全新的比赛，需要技能和心态。

◆ 外交官战士。你的精力、奉献和忘我工作都会取得好的成绩，也许还会获得晋升。但在过渡阶段，你现在需要放弃这些品质，变得更像一个外交官。你必须学会退后一步，试着站在别人的角度看问题。你需要控制自己，不要表现出愤怒或负面情绪。

例如，当你从技术专家晋升到一般管理人员，再晋升到领导职位时，你肯定会经历一次或多次这样的转变。你准备得如何呢？你能做些什么来避免这些陷阱，并确保你不会脱轨呢？作为一名管理者，你需要了解那些正在经历转型期的员工，确保他们既掌握了有关陷阱的必要信息，又掌握了避免落入陷阱的必要技能和态度。

你能做些什么来避免这些陷阱，并确保你不会脱轨呢？

组织脱轨

在《董事会上的大象：领导脱轨之根源探析》一书中的《危险的三角关系》中，亚德里安·弗南汉姆教授列举了可能发生组织脱轨的几种情况。造成脱轨的环境是，有一个功能失调的领导者，加上易受影响的追随者，以及一种允许或鼓励偏执狂、缺乏制衡的组织文化。一个功能失调的领导者是一个过分依赖个人权力和魅力，并且自恋的人。对这样的领导者你可能深有体会。易受影响的追随者是指那些成熟度低、价值观弱、志向高、从众性强的追随者。不幸的是，缺乏制衡的组织文化太过盛行，最近英国国民医疗服务和英美银行的丑闻就证明了这一点。

当这三者结合起来时，这个组织或单位很可能会脱轨。

当然，由于这些原因，包括安然公司、世通公司和巴林银行在内的许多机构都失败了。其他的组织，比如一部分银行，并没有彻底失败，但是不得不进行重大改革或者支付巨额罚款，因为他们几乎完全脱轨了。

作为一名人事经理，你需要留意那些可能变得过于自负、太容易随波逐流、不愿挑战的人，还要注意单位、部门或组织的主流文化，尤其是在困难时期。

脱轨对我们所有人来说都是一种风险。有了这个意识，对反思关键优势以及其他优势如何被过度使用，潜在缺陷及其影响将大有裨益，你可以采取行动来改变你的行为以避免脱轨。请参见表13.1中关于脱轨反思的练习。

表13.1 脱轨反思

我的主要优点是：	如果做过头了，可能会出现以下情况：
我的缺点是：	可能造成的影响是：

为避免未来可能发生的脱轨行为而采取的行动：

这个练习将帮助你预防一些可能导致脱轨的潜在问题。通过思考你的优势以及优势使用过度的情形，你会更清楚地意识到可能发生的情况，并能相应地调整自己的行为。同样地，思考你的弱点以及它们将如何让你失望，这样能让你集中精力在那些你认为重要的事情上，以防止未来的脱轨。

要记住的关键一点是，并不是所有脱轨的人都会表现出上述迹象，也不是所有有这种迹象的人都会脱轨。其他因素也起到了一定的作用。但是长时间表现出上述症状的人，脱轨的风险要高得多。

你需要意识到这样一个事实，从业务人员到管理者，从管理者到领导者是需要过渡期的。这不仅适用于你的个人发展和职业生涯，也适用于那些你负责管理的人。我们在上面"为了防止脱轨，你可以做些什么？"一节中列出了你可以采取的措施。把这些铭记于心。

成功小技巧

◆ 注意职业生涯的过渡期。

◆ 获得反馈并采取行动。

◆ 要多关注你的员工，而不是你自己的雄心壮志。

◆ 发展你的人际关系力。

◆ 要意识到，你所有的优点都可能隐藏着潜在缺陷。

14

积极的领导行为带来正面结果

悲观主义者在每个机会中看到困难，乐观主义者在每个困难中看到机会。

——温斯顿·丘吉尔

你可能听说过"积极心理学"的概念，但它是如何帮助我们成为更好的管理者的呢？研究表明，使用积极的方法可以为个人、工作关系以及团队绩效带来好处。作为有效的管理者，我们可以从这个领域借鉴许多经验和技巧，这些可以被熟练地应用于我们的日常工作中。我们将讨论如何感恩，如何建设性地回应他人，着重于解决问题的方式，以及聚焦解决方案的领导方式的4个关键方法。

如何感恩

对你的员工表现出积极的态度和感激之情，对大多数管理者来说都不是件容易的事。当我们和一位经理分享这个概念时，他对我们说："对我来说，这听起来有点不切实际！"这是一个相当典型的反应，当我们向经理们介绍诸如"欣赏式询问""积极心理学"和"关注解决方案"等概念时，他们都关注于欣赏式询问和关注解决方案，而不是关注问题本身。

我们知道，对他人表示感激是成为一个有效管理者和发展有效关系的基本方面。被重视和欣赏是人类最基本的需求，如果你想要你的员工发挥出最佳表现，那么你也需要掌握基本的欣赏心理学。

传统上，经理们在处理工作时，会使用我们所说的"赤字模型"。也就是说，他们认为事情是一个问题，他们需要解决这个问题，所以他们养成了一种习惯，时常关注一件事情哪里出了问题，哪里运转不畅，然后试着去解决它。这种方法不仅局限于商业领域。在心理学领域，人们似乎也在关注这样的焦点，一个人哪里出了问题，什么事情使他进展不顺利。这往往着眼于解决一个人的问题，并改正自身的缺点。然而，越来越多的人认为，心理学应该对进展顺利的事情同样感兴趣，因为对一个人来说，有些事情一定进展得很顺利，即使其他事情进展不顺。

这如何应用到工作关系和有效的人员管理中呢？如果你和某人之间有些问题，你很容易放大这个问题，并把它应用到他们做的所有事情上，导致另一个人被贴上"问题"人的标签。我们接触过的很多经理都来找我们寻求帮助，要求我们帮助处理那个有问题的人。但是如果那个人不存在问题呢？毕竟，他们可能不会把自己描述成一个有问题的人。如果你已经给对方贴上了问题的标签，这对你和对方之间的关系又会有什么影响呢？如果你的老板说你是个问题，你会怎么想？

高效率的经理人会做两件事：

◆ 他们会关注关系和问题，不仅仅是关注那个人。他们将有勇气意识到自己也是"问题"的一部分。他们会思考自己能为解决这个问题做出什么贡献，并专注于他们可以尝试做些什么不同的事情。俗话说："如果你总是做你过去做过的事情，那么你得到的也将是你已经拥有的东西。"所以，试着做些不同的事情吧。

◆ 他们会寻找对方或涉及的人员身上的优点。他们在哪些方面做得很好？他们什么时候不构成问题？他们过去在哪些方面做得很好？他们现在做的哪些事不成问题？

如果你的老板说你是个问题，你会怎么想？

一旦你确定了这个人并非一无是处，你就可以开始在这个更积极的平台上努力，取得更有效的成果。

让我们面对现实吧，如果你总是关注一个人做得不好的地方，那么事情不可能变得更好。如果你总是否定和批评他们，你就不会让他们有一个积极的心态去解决所谓的问题。他们只会感到愤愤不平。无论他们是否有过错，这都是无关紧要的。事实是，你是管理者，你需要了解并发展你在这个领域的技能，这样你才会一步步接近你想要的结果。当然，通过愤怒和挑剔，你肯定不会达成这些目标。

心理学家认为，大量的积极情绪对创造力、建立有效的人际关系和人际网络至关重要。我们也相信这些是组织取得成功的关键领域。其理念是，人类本能地被积极的东西吸引，从而远离消极的一面。因此，如果你能更多地关注一个人的优点而不是缺点，你就可能会被认为是一个更有效的管理者。

这个理论还有另一个方面。相比积极的因素而言，我们的情绪和行为更容易受到消极因素的影响。因此，举例来说，虽然人们会很高兴地接受表扬，但任何批评都会对他们产生更大、更持久的影响。我们倾向于记住批评，而不是别人给予我们的赞扬。所以你可能无意中批评了某人，却并没有在意，但这将影响他们的行为和对你的态度。然后，你需要通过给予更多的积极反馈来获取平衡。

根据马西亚尔·洛萨达教授的研究，积极与消极的比率应该至少是3∶1。他研究了60家商业组织，并从盈利能力、客户满意度和员工态度等方面衡量了它们的效率。他发现，要让组织有效运作，高级管理者需要做好3件事：

◆ 多问，少主张。这意味着他们需要多问问题，多倾听，而不是简单地告诉人们该做什么和给出建议。

◆ 在交往中要积极主动，不要消极懈怠。对真正高效的团队来说，积极与消极的比率超过5∶1。想想看，5∶1，你需要给出5倍于消极反馈的积极反馈。你的比率有多接近？

◆ 多关注他人，少关注自己。

所以你要问自己的问题是：在你的互动中，积极和消极的比例是多少？我切实地问了多少问题，倾听了多少次别人的心声，而不是简单地提出我的想法和观点？

有趣的是，1∶1的比率被认为不足以产生影响。事实上，很多人可能会认为自己收到的反馈并没有多少，实际上，你得到的负面评论和反馈比正面评论和反馈要多。所以也许你可以从1∶1的比例开始，但3∶1应该是你的目标。积极向上是一个有效领导者的特质之一，也会造就更无私、更好奇、更有创造力、更乐于学习的氛围。

如果你想知道消极和悲观是否有必要，让我们向你保证。理论告诉我们，积极与消极的比率通常不应该超过10∶1，否则将被认为是不切实际的乐观。这也告诉我们，你的乐观主义应该视情况而定，你需要关注现实。换句话说，当失败的代价很高的时候，或者当与一个前景不佳的人交谈时，采取悲观的态度是可以的。在这些情况下，你不应该过于乐观，而是应该更现实地指出这个人正在做的事情的负面影响。

积极向上是一个有效领导者的特质之一

如何建设性地回应他人

建立和维持有效的人际关系不仅仅是在事情变糟的时候保持积极的态度。我们如何回应别人的好消息也会影响我们的人际关系。例如，如果有人告诉你一个好消息，比如说升职，你可以用4种基本的方式来回应。根据加利福尼亚大学雪莉·盖博教授的说法，你可以做出积极的反应，也可以做出消极的反应，你可以给出建设性的回应，也可以给出破坏性的回应。让我们看看可能的组合。（参见图14.1）

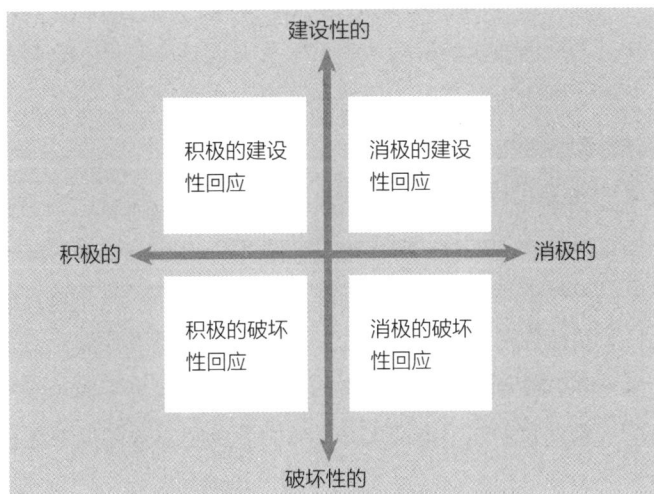

图14.1 对好消息的回应

来源：©雪莉·盖博，经许可使用

◆ 积极的破坏性回应

一个积极但具有破坏性的反应是把注意力集中在消极的方面，然后说类似这样的话："哦，要做的工作真是太多了！你确定你准备好了吗？"

这样做是在贬低他人，质疑他们成功的能力，却打着"关心"他人的幌子。

◆ 消极的破坏性回应

一个消极的破坏性回应是，在取得晋升的时刻直接跳到一个完全不同的话题上，甚至完全不理会升职这件事。很明显，这不是一个值得推荐的方法，我们不都会因为偶尔使用这种方式而感到内疚吗？

◆ 消极的建设性回应

显然，你想要以一种建设性的方式来回应，但即便如此，你也可能会非常消极。所以你可能会说类似这样的话："干得好！"然后迅速转移到另一个话题上。这表明，尽管你可能认为自己一直很积极，但实际上你对别人说的话并不真正感兴趣。重要的是，对方会清楚地知道你没那么感兴趣。

◆ 积极的建设性回应

我们建议你使用这种"积极的建设性的"方法，所以在这个例子中，你可以说类似这样的话语："这真是个好消息，我知道这对你意义重大！"然后你可以就这份工作、这个人的感受或他们对新工作的计划提出一些开放性的问题。或者所有这些！这就表明你对对方有明显的兴趣，建立和加强了你的人际关系，并为更有效的业务做出了额外贡献。

着重于解决问题的方式

在伦敦的短期治疗研究所的一个指导研讨会上，我们了解到了"聚焦解决方案"和"正面肯定"这两个概念。每次练习结束后，我们都被要求转向我们的同事，对他们说一些积极肯定的话。起初，我们发现这是非常困难的。该说什么呢？怎么说才不会听起来感觉太假呢？但在经历了一个不稳定的开始后，我们发现自己能够注意到并欣赏对方的许多方面。这些都是我们之前不会注意到的方面。我们做得越多，表达这些事情就越容易、越自然。

我们在阿什里奇商学院的研讨会上也使用了类似的方法。我们把所有参与者的名字都写在一张图上，然后让每个人写下这三天里所有参与者的积极一面。我们分发便利贴，让人们把它们贴在公告板上。当然，开始的时候会有点慢，但是随着人们注意到其他人做得很好，或者大家都写了哪些积极的一面时，事情就会开始进展了。当然，并不是所有的事情都是积极的，但是我们不允许人们写下任何消极的事情，只让他们关注积极的方面。接下来会发生的是，在研讨会结束的时候，每个人都收集他们的正面肯定，阅读它们，然后把它们装在信封里带回家。

我们发现有三件事发生。一是我们的参与者真的开始关注他人，并比以前注意到更多。二是他们开始关注自己的积极贡献。三是他们的精力水平和信心显著提高。

另一件要记住的事情是，你做这件事完全不需要付出任何代价，它是免费的。你所需要的只是对他人的一点关注、积极的态度以及欣赏而不是批评的能力。这是任何一个管理者都可以和他的团队一起做的事情。

聚焦解决方案的领导方式的4个关键方法

找出有效的方法，然后在这方面多投入

作为管理者，我们通常会关注那些不奏效的地方，然后我们会倾向于批评我们的员工没有做正确的事情。但是，不管初衷有多好，它并没有特别的帮助。大多数人并不是故意做错事，如果我们的反应是责备和批评，那就不可避免地导致防御、借口和掩饰。因此，如果关注点是如何才会奏效，就会催生一场截然不同的对话，一种更加开放和富有成效的对话，因此是积极和充满活力的。这会带来更有效的行为。

对于更加美好的未来要有一个清晰明确的概念

你们中的许多人都熟悉这样一种观点，即领导者创建一个愿景，然后期望他们的员工朝着这个愿景前进。但是，未来以解决问题为重点的方式不是试图设想一个人们将走向的遥远未来，而是要求参与其中的人们创造一个关于不久的将来的积极形象，在那里，事情会有所好转。其理念不是推销一个特定的首选未来，而是让人们了解这个未来对他们意味着什么。具体来说，就是让他们积极地参与到对未来的想象之中，然后问他们，什么样的行为能让他们踏上通往理想未来的道路。这就引出了下一个原则。

要求参与其中的人们创造一个关于不久的将来的积极形象，

在那里，事情会有所好转

小步迈进

领导者往往希望采取重大而大胆的行动，但在我们面临的复杂现实中，这些行动往往会以失败告终。以解决问题为重点的方法是从小处着手，朝着正确的方向小步前进。这意味着这个过程通常更现实，更有可能成功。这种方法的美妙之处在于，每个人都能参与其中，并有能力迈出一小步，然后为取得一些成就而感到自豪。这比一开始就做得太大，然后因为失败而打击自己和他人要有效得多。这就像我们的新年决心一样，塑形并保持健康。我们给自己设定了巨大的目标，结果什么都没做。给自己设定一个小目标，比如每天锻炼10分钟，然后实现它，要比给自己设定每天跑5英里却无法实现的目标好得多。这些小步骤可以被重新审视和调整，它们是敏捷和灵活的，最重要的是它们可以经常被重估，并根据需要进行调整。主要步骤通常与此形成鲜明对比，它一旦开始就不容置疑。

肯定和赞美

第4个关键原则是双重的。它是关于关注行之有效的工作方式，然后承认并肯定它。你需要学会发现人们正在做的有用的事情，并习惯于看到他们的长处。养成这样做的习惯，而不是关注别人的缺点，这样会带来更好的工作环境、良好的人际关系和促进员工的工作表现。

当然，养成这种积极的习惯是需要时间的，尤其是如果你和大多数人一样总是善于发现缺陷或关注进展不顺利的地方，如果你知道应该以欣赏的眼光看待问题，那么你就会学会以不同的角度去发现。你会更加清楚自己喜欢什么、看重什么，以及别人和他们的工作给你印象深刻的是什么地方。你需要开始留心人们正在做什么，并开始以伙伴的身份表达感激之情，而不是总用那种机械化的口头禅"干得好"之类的方式去评价员工。

你需要开始留心人们正在做什么

你可能会发现下面的反思性练习很有用，这是我们从短期治疗研究所的同事那里学到的。

写下你在工作中擅长的3件事。然后问问你自己，我在工作中还擅长什么？然后问自己还有什么？还有什么？还有什么？不停地问，直到你写下至少20件事。看看这个列表。它给你什么感觉？它有多容易？

如果你觉得这个练习有点难，那么我们已经证明了你很难把注意力集中在积极的方面。如果我们让你写下你不擅长的事情，会不会更容易一些？

为什么不在你的团队中使用这个练习呢？这个方法会被证明是很有见地的。

运用我们所描述的技巧，采取积极的领导方式，将有助于你的成功，并帮助你获得同事的高度评价。这些方法提高了组织的绩效，营造了更好的工作氛围。不幸的是，我们似乎很自然地就把注意力集中在消极的方面，集中在哪里出了问题。我们很容易判断和批评别人。事实上，批评的能力似乎是我们作为管理者角色的一部分。但人们忽视了这样一个事实：批评的效果是降低人们的积极性，使其丧失活力、士气低落。

在我们的工作中，作为培训师、教练和顾问，我们与来自各个行业和国家的经理人合作，我们看到这种判断和批评的倾向是根深蒂固的。我们上面提到的一些新技术正试图将人们的注意力从批评上转移开来，帮助他们观察了解人们做得好的方面，在组织中真正奏效的是什么。这种注意力的转移提高了士气和生产力。

这并不意味着我们永远不应该批评任何人，或者说从不考虑别人的缺点和错误。这只是意味着，我们需要平衡自己的行为，试着去考虑人们做得好的方面，培养以有效的方式提出建设性批评的能力，而不是简单地关注他们做得不好的方面。这种方法相对来说比较容易开发，并且会通过作为员工管理者提高自身的技能而带来回报，所以要训练自己去发现人们做得好的地方。然后，在注意到这一点之后，指出这一优点，并就这一具体方面赞扬对方。

你也可以通过在团队会议中以公开表扬的反馈方式来鼓励其他人发展这方面的能力。

还有一种类似方法是在会议结束时，让每个人都转向坐在自己左边的人，告诉他们一些对他们的个人贡献表示感激的事情。

成功小技巧

◆ 确保你的行为是平衡的，换句话说，同时关注进展顺利的方面以及需要改进的地方。

◆ 培养给予建设性批评的能力。

◆ 不要只关注人们做得不好的地方。

◆ 训练自己去发现别人做得好的地方。

◆ 赞扬别人做得好的事情。

◆ 鼓励别人也要心存感激。

◆ 在团队会议上引入赞赏反馈机制。

后　记

领导者是天生的，领导力有遗传因素，这是最危险的领导力神话，也是无稽之谈；事实上，恰恰相反。领导者是后天培养出来的，而不是天生的。

——沃伦·本尼斯

人是组织生活的核心。领导和发掘员工的长处将有助于组织的成功。领导他人是一个复杂而富有挑战性的过程。我们希望这本书为你提供了帮助你提高人力管理和领导能力的工具、技术和实践。现在是时候付诸实践了，我们想为你的管理旅程留下一些小贴士：

◆ 声誉是至关重要的。你知道自己的声誉如何吗？

◆ 通过制订职业规划来掌控你的事业和生活。

◆ 培养应变能力，以有效应对挫折、挑战及日常问题。

◆ 培养并实践指导员工的艺术。

◆ 练习在不借助正式权威的情况下施加影响。

◆ 不要低估了良好的引导技能对于充分调动员工积极性的重要意义。

◆ 知道什么因素会激励你和你的团队成员，什么因素会让大家失去动力。

◆ 明确你对别人的期望，并确保你知道别人对你的期望是什么。

◆ 学会如何利用冲突和对抗。

◆ 了解人际关系力的组成因素，并努力开发它们。

◆ 要认识到人们往往会因为个人、情感和心理上的原因而抗拒改变。

◆ 要意识到你自己和你的团队潜在的脱轨因素。

◆ 要懂得欣赏，记得要在别人身上寻找积极的一面。

你在这本书的前面已经完成了这个调查问卷，但是在读完这本书之后，你可能还想再一次完成它，或者在将来的某个时候再做一遍以回顾你的技能。对于每一个领域，我们都推荐另外一本书，帮助你进一步发展你的技能，并扩大你的知识面。

管理人员自我反省测验

领导领域	技能/知识水平 1——4——7	发展需求： 低/中/高
你的技能组合：充分意识到自身优势、弱点及发展需求		
《领导技能手册》（ *The Leadership Skills Handbook* ），作者：乔·欧文		
你的声誉：别人如何看待你		
《影响与存在》（ *The Impact and Presence Pocketbook* ），作者：帕姆·琼斯、简·范·胡兰、菲尔·海尔斯顿		
抗压能力：你应对逆境以及迅速恢复的能力		
《反弹力：幸福人生的源动力》（ *Bounce: Use the Power of Resilience to Live the Life You Want* ），作者：苏·哈德菲尔德、吉尔·海森		

续表

领导领域	技能/知识水平 1——4——7	发展需求: 低/中/高
你的职业发展: 有清晰的个人目标及规划		
《你的降落伞是什么颜色？》（*What Colour is Your Parachute*），作者：理查德·尼尔森·鲍利斯		
指导力: 为员工赋能，帮助他们充分发挥自身潜能		
《高绩效教练》（*Coaching for Performance*），作者：约翰·惠特默		
影响力: 影响他人，获得想法与行动上的认可与赞同		
《领导者影响力指南》（*The Leader's Guide to Influencing*），作者：麦克·布伦特、菲奥娜·埃尔莎·登特		
引导力: 作为一个推动者，促进他人参与，确保高质量的对话与成果		
《促进团队》（*Facilitating Groups*），作者：珍妮·罗杰斯		
团队建设: 与他人共事、共同发展，以实现组织利益		
《哈佛商业评论: 构建更好的团队》（*Harvard Business Review on Building Better Teams*），摘自：哈佛商业评论杂志		
动机: 创造一个积极的环境，充分发挥员工的优势		
《驱动力》（*Drive*），作者：丹尼尔·平克		
绩效管理: 为员工设定目标，并及时给予反馈		
《绩效管理》（*Managing for Performance*），作者：潘·琼斯		
冲突管理: 有效处理紧张的人际关系		

续表

领导领域	技能/知识水平 1——4——7	发展需求: 低/中/高
《职场冲突管理》(*Managing Conflict in the Workplace*),作者:玛格丽特、香农·麦克康农		
人际关系力:在与他人共事时,注意个人的行为管理和情绪管理		
《情商2:影响你一生的社交商》(*Social Intelligence*),作者:丹尼尔·戈尔曼		
变革:理解变革的必要性、含义并促进变革成功		
《管理变革》(*Managing Transitions*),作者:威廉·布里奇斯		
脱轨:要警惕那些会让你偏离轨道的阻碍、挑战以及职业障碍		
《董事会上的大象》(*The Elephant in the Boardroom*),作者:亚德里安·弗南汉姆		
积极的领导行为:使用关系型、欣赏型和解决方案型的方法来管理领导员工		
《关注解决问题》(*The Solution Focus*),作者:保罗·Z. 杰克逊、马克·麦克高		
笔记:		

人员管理者和领导需要对人们的心理有深刻的理解,同时还要具备谦逊、灵活、忍耐力强的品质。没有人会说这很容易,但这会是你所经历的最有趣的旅程之一。不要犹豫去尝试,你只有冒一些风险才能得到发展,迈出一小步,抓住每一次机会积累经验。

祝你好运。

参考文献

Alderfer, C. (2012) *The Practice of Organisational Diagnosis: Theory and Methods.* Oxford University Press.

Argyris, C. (1993) *Knowledge for Action. A Guide to Overcoming Barriers to Organizational Change.* Jossey–Bass.

Argyris, C. (1992) *On Organizational Learning.* Blackwell.

Argyris, C. and Schon, D. (1978) *Organizational Learning.* Addison Wesley.

Ashridge Management Index 2012–2013., www.ashridge.org.uk.

Belbin, M. (2010) *Team Roles at Work.* 2nd edn. Butterworth–Heinemann.

Binney, G., Williams, C. and Wilke, G. (2012) *Living Leadership: A Practical Guide for Ordinary Heroes.* FT Publishing International.

Block, P. (2011) *Flawless Consulting: A Guide to Getting Your Experience Used.* John Wiley.

Bolles, R. N. (2012) *What Colour Is Your Parachute? 2013: A Practical Manual for Job Hunters and Career Changers.* Ten Speed Press.

Brent, M. and Dent, F. E. (2010) *The Leader's Guide to Influence.* FT Prentice Hall.

Bridges, W. (2009) *Managing Transitions. Making the Most of Change.*

3rd edn. NB Publishing.

Caplan, J. (2003) *Coaching for the Future.* CIPD.

Cialdini, R. (2007) *Influencing: The Psychology of Persuasion.* HarperBusiness.

Critchley, B., and Casey, D. (1984). '*Second Thoughts on Team Building.*' *Management Education and Development*, Vol.15, Pt.2, pp.163–175.

Conger, J. (2008) *The Necessary Art of Persuasion.* HBR.

Csikszentmihaly, M. (2002) *Flow: The Psychology of Happiness.* Rider.

Darwin, C. (1998) *The Origin of Species.* Wordsworth Editions.

Dent, F. E. (2009) *Working Relationships Pocketbook.* Management Pocketbooks.

Dent, F. E. and Brent, M. (2006) *Influencing Skills for Business Success.* Palgrave Macmillan.

Dent, F., Holton, V. and Rabbetts, J. (2013) *Ashridge Management Index.* Ashridge.

Ekman, P. (2003) *Unmasking the Face: A Guide to Recognising Emotions from Facial Expressions.* Malor Books.

Firth, D. and Leigh, A. (1998) *The Corporate Fool.* Capstone.

Flaherty, J. (1999) *Coaching-Evoking Excellence in Others.* Butterworth–Heinemann.

Frankl, V.E. (2000) *Man's Search for Ultimate Meaning.* Perseus.

Fredrickson, B. (2011) *Positivity.* Three Rivers Press.

French, J. and Ravens, B. (1958) 'The Bases of Social Power.' In D. Cartwright (ed.) *Studies in Social Power.* Institute of Social Research.

Furnham, A. (2010) *The Elephant in the Boardroom: The Causes of*

Leadership Derailment. Palgrave Macmillan.

Gable, S., Gonzaga, G.C. and Strachman, A. (2006) 'Will you be there for me when things go right? Supportive responses to positive event disclosures.' *Journal of Personality and Social Psychology*, Vol. 91, No. 5, 904–917.

Gallwey, T. (2001) *The Inner Game of Work.* Random House.

Gardener, H. (2011) *Frames of Mind: The Theory of Multiple Intelligences.* Basic Books.

Garrat, B. (1983) 'The Power of Action Learning.' In M. Pedler(ed.) *Action Learning in Practice.* Gower.

Goldacre, B. (2009) *Bad Science.* Fourth Estate.

Goleman, D. (2007) *Social Intelligence: The New Science of Human Relationships.* Arrow.

Goleman, D. (2004) *Working with Emotional Intelligence.* Bloomsbury.

Goleman, D. (1996) *Emotional Intelligence.* Bloomsbury.

Goleman, D., Boyatzis, R. and Mckee, A. (2004) *Primal Leadership.* HBR Press.

Grint, K. (2005) *Leadership: Limits and Possibilities.* Palgrave Macmillan.

Hadfield, S. and Hasson, G. (2010) *Bounce: Use the Power of Resilience to Live the Life You Want.* Pearson Life.

Harvard Business Review (2011) *Harvard Business Review on Building Better Teams.* Harvard Business School Press.

Heron, J. (2001) *Helping the Client: A Creative Practical Guide.* Sage.

Heron, J. (1999) *The Complete Facilitator's Handbook.* Kogan Page.

Herzberg, F. (1993) *The Motivation to Work.* Transaction Publishing.

Hunt, J. (1992) *Managing People at Work.* McGraw–Hill.

Inglis, S. (1993) *Making the Most of Action Learning.* Gower.

Jackson, P. Z. and McKergow, M. (2007) *The Solutions Focus: Making Coaching and Change Simple.* NB Publishing.

Janssen, C. (2003) Personal conversation with authors.

Janssen, C. (1996) *The Four Rooms of Change. Forandringens Fyra Rum.* Wahlstromand Widstrand.

Jones, P. (2013) *Performance Management.* Pocket Books.

Jones, P. (2007) *Managing for Performance: Delivering Results through Others.* Pearson Business.

Jones, P. and Holton, V. (2006) *Teams Surviving in Complexity.* Ashridge.

Jones, P., Van Hool, J. and Hailstone, P. (2004) *The Impact and Presence Pocketbook.* Management Pocketbooks.

Joyce, P. and Sills, C. (2009) *Skills in Gestalt Counselling and Psychotherapy.* Sage.

Jung, C. G. (1990) *Analytical Psychology–Its Theory and Practice.* Ark Paperbacks.

Jung, C. G. (ed.) (1978) *Man and His Symbols.* Picador.

Jung, C. G. (1958) *Psychology and Religion.* Princeton University Press.

Jung, C. G. (1933) *Modern Man in Search of a Soul.* Harcourt Brace.

Katzenbach, J. and Smith, D. K. (2005) *The Wisdom of Teams.* McGraw–Hill.

Kets de Vries, M. (2001) *The Leadership Mystique.* Prentice Hall.

Kets de Vries, M. and Miller, D. (1984) *The Neurotic Organisation.* Jossey–Bass.

Kinlaw, D. (1999) *Coaching for Commitment.* Jossey–Bass/Pfeiffer.

Lencioni, P. (2005) *Overcoming the Five Dysfunctions of a Team.* Jossey–Bass.

Losada, M. and Heaphy, E. (2004) 'The role of positivity and connectivity in the performance of business teams.' *American Behavioural Scientist*, Vol. 47, 740–765.

Macgregor, D. (1960) *The Human Side of Enterprise.* McGraw–Hill.

Maister, D. et al. (2002) *The Trusted Advisor.* Free Press.

Margerison, C. and McCann, D. (1995) *Team management–practical new approaches.* Management Books 2000.

Maslow, A. and Webb, D. (2013) *A Theory of Human Motivation.* Create Space IPP.

McCall, M. W. (1998) *High Flyers–Developing the Next Generation of Leaders.* Harvard Business School Press.

McConnon, M. and McConnon, S. (2010) *Managing Conflict in the Workplace.* How To Books.

McKergow, M. (2007) *Solution Focus Working.* Solutions Books.

McKergow, M. and Clarke, J. (eds) (2005) *Positive Approaches to Change.* Solutions Books.

Meharabian, A. (2007) *Non Verbal Communication.* Aldine Transaction.

Melville, N. (2013) Personal conversation with authors.

Molden, D. (2007) *NLP Business Masterclass.* FT Prentice Hall.

Nolan, V. (1989) *The Innovator's Handbook.* Sphere.

Nolan, V. (1981) *Open to Change.* MCB.

Owen, J. (2012) *The Leadership Skills Handbook: 50 Essential Skills You Need to Be a Leader.* Kogan Page.

Pedler, M. (ed.) (1983) *Action Learning in Practice.* Gower.

Pedler, M. et al. (1991) *The Learning Company: A Strategy for Sustainable Development.* McGraw–Hill.

Pink, D. (2011) *Drive: The Surprising Truth About What Motivates Us.* Cannongate Books Ltd.

Prince, G. M. (1970) *The Practice of Creativity.* Harper Row.

Robinson, D. and Hayday, S. (2009). Report No. 470, Institute for Employment Studies. Rogers, C. (2004) *On Becoming a Person.* Constable.

Rogers, J. (2010) *Facilitating Groups.* Open University Press.

Rosinski, P. (2003) *Coaching Across Cultures.* Nicholas Brealey Publishing.

Ruben, D. (1977) 'Guidelines for Cross–Cultural Communication Effectiveness.' *Journal of Group and Organisation Management,* Vol. 2, 470–479.

Schank, R. and Marsan, G. S. (1995) *Tell Me a Story: Narrative and Intelligence.* NUP.

Seligman, M. (2011) *Flourish. A New Understanding of Happiness and Well Being.* NB Publishing.

Seligman, M. (2003) *Authentic Happiness.* NB Publishing.

Senge, P. (2006) *The Fifth Discipline: The Art and Practice of the Learning Organisation.* Random House.

Thorndike, R. K. (1920) 'Intelligence and Its Uses.' *Harpers Magazine,* Vol. 140, 227–335.

Tomasello, M. (2010) *Origins of Human Communication.* MIT Press.

Tomasello, M. (2009) *Why We Cooperate.* MIT Press.

Tuckman, B. (1965) Developmental sequence in small groups. *Psychological Bulletin,* Vol. 63, No. 6, 384–399.

Ward, K. Kennedy, M. and Brent, M. (2002) *Making Complex Teams Work.* Ashridge.

Watkins, M. D. (2012) How managers become leaders. *Harvard Business Review*, June.

Wheatley, M. (1992) *Leadership and the New Science.* Berrett–Koehler.

Whitmore, J. (2003) *Coaching for Performance. 3rd edn.* Nicholas Brealey Publishing.